序　ここまでわかった甲賀忍者

近年、磯田道史《みちふみ》氏や山田雄司氏らによって忍者の学術的研究が飛躍的に進み、その像を結びつつあります。今日、忍者と言えばクールジャパンのキラーコンテンツ、ポップカルチャーとしての忍者が思い浮かびます。ここでいう忍者は、江戸時代以降に形作られてきた超人的な身体能力を持ち怪しげな術を用いるものを指すものですが、海外の人たちはともかく、日本に生まれ育った人たちの多くは、ここでいう忍者と、実際に生きていたであろう人達を同一視する事はあまりないようです。それでも「忍者なんて本当にいたの？」というまなざしで見られることしばしば。

本当に忍者は存在したのか、存在していたとしたらどのような実態だったのでしょうか。忍者のふるさととして知られる甲賀としては明らかにしておきたいところです。

本書では、近年飛躍的に研究が進んだ甲賀忍者の実像について述べていくことにします。もとより資料の少ない分野ではあるものの、江戸時代前期には確実に忍者が存在していることを明らかにできました。

全体像を解明するには未だ道半ばにも至りませんが、一昔前には思いもよらなかった事実が明らかにされており、今後の調査・研究のためにも現時点での甲賀忍者像を取りまとめておくことは必要なことであると考え、本書を刊行いたします。

なお、「忍者」という呼び方は、さほど古いものではなく、少なくとも江戸時代前期には「忍びの者」、それ以前には「忍び」と呼ばれていたようです。本書では、それらを含めて「忍者」と呼ぶことにします。

JN185117

目次

甲賀忍者　いた？　いない？

忍者検定の過去問題などからの問題です。さてあなたは何問解けるか。

甲賀忍者といえば…

探してみれば、日本全国各地に忍者がいたことが知られています。その中でもとりわけ有名なのが伊賀・甲賀。なぜ有名なのでしょうか。

伊賀・甲賀の忍術を記した『万川《ばんせん》集海《しゅうかい》』の前半部は問答形式になっています。その中に「忍びの名門として伊賀甲賀が有名なのはなぜか？」というものがあります。また、笠置城をめぐる合戦において伊賀衆と甲賀衆が敵味方に分かれて雇われていたことを、興味津々に日記に記した人がいました。戦国時代から江戸時代前期にかけて「忍び＝忍者」といえば「伊賀・甲賀」がセットになって思い浮かぶという状況であったようです。

彼らは自らの故郷に留まり続けたのではなく、戦国大名たちが要請する任務を果たすべく各地に赴いていたことが明らかになっており、そこでの働きぶりが名を高めることになったのでしょう。

では、その任務とはどのような事だったのでしょうか？

近年、調査研究が進んでいる甲賀の忍者に焦点を当てて、その実像に迫ることにしましょう。

御案内忍務勤候四人衆

はたなか先生　三人を教える甲賀市立忍術大学総合忍術学科の教授

くらさわ忍者　師匠は芥川九郎左衛門！信州から甲賀へ修業に来ている

きだ忍者　新参者だけどツッコミと運動神経はこの中ではピカイチ

まつなみ忍者　生粋の甲賀者。蛙を乗りこなすのが目標

甲賀流忍者調査団

磯田道史を団長、畑中英二を副団長とする甲賀流忍者調査団ニンジャファインダーズは、甲賀市によって二〇一五年に結成されました。

地元に残る文書や遺物の調査を展開し、甲賀忍者の実態を明らかにすることを目的としています。調査結果については、講演、書籍、イベントなどで多くの方々に知っていただきたいと考えています。

クールジャパンのNINJA

クールジャパンのキラーコンテンツとしてのNINJA。様々な形に変化しつつ、日本人のみならず世界の人々に愛されています。

ポップカルチャーとしての忍者を語るには『NARUTO―ナルト―』の存在は無視できません。これは岸本斉史《まさし》さんによる漫画で、一九九九〜二〇一四年にかけて『週刊少年ジャンプ』に連載されたもの。国内外を問わず人気があり、アニメ放映は八〇ヶ国以上、ライセンス商品は九〇ヶ国以上で販売されていますし、単行本は、海外三五ヶ国で販売されています。近年、海外での忍者の知名度を大きく押し上げた立役者であり、重要な輸出品と言えるかもしれませんね。この作品では忍者の神秘性を分かりやすくデフォルメした世界観であることと、黒装束の忍者といった出で立ちをしていないことが大きな特徴となっています。ここでの忍術は、修業や訓練によって習得可能な一種の超能力であり、戦国時代の侍や傭兵のような姿で描かれています。

また、日本での展開を考える上では、『忍たま乱太郎』についても触れておかなければなりません。これは尼子騒兵衛さんの『落第忍者乱太郎』と題するギャグ漫画を原作とするアニメで、一九九三年からNHK教育にて放映されており、一定の世代には広く知られています。本作品は、往年の天才忍者である大川平次渦正が開学した近畿地方のとある山奥にある「忍術学園」が舞台。乱太郎をはじめとする忍術学園の生徒や教職員らを中心とし、時折ドクタケ忍者隊をはじめとした悪役や個性的なゲストも加わって物語が展開されています。本作品の特徴の一つは原作同様に厳密な時代考証が貫かれていることです。原作者の尼子騒兵衛さんは、大学の史学科を卒業し、自宅兼事務所をカラクリ屋敷にしているほか、忍者道具をコレクションしており、考証の厳密さの根幹は驚くほど深いのです。歴史好き、時代考証に必要以上にうるさい日本人の気質を反映しているかのような子ども向けアニメであると言えます。

問1　『忍たま乱太郎』の忍術学園の学園長の名前は？

戦国時代の資料に見える忍者

―戦国時代の忍者の実像

戦国時代の資料に見える忍者の主な事例をあげてみましょう。
『日葡《にっぽ》辞書』にみえる「シノビ」
『朝鮮王朝実録』（一五一二）にみえる「時老未」
『予章記』（正平二十三年：一三六八）にみえる「忍」
『長禄四年記』（寛正元年：一四六一）にみえる「忍」
木俣守安宛て井伊直孝覚書（慶長十九年：一六一四）にみえる「しのひ」

このように「忍者」ではなく「忍」と呼ばれていたようです。ここでの役割は『日葡辞書』にみられるように戦争の際に城内や陣営内に入る間諜（スパイ）であるといいます。

更には『中国治乱記』（天文九年：一五四〇）にみえる「シノビノ兵」、『内藤宗勝書状』（永禄四年：一五六一）にみえる「伊賀之城取者共」などのように、城攻めの際の武力や火力を用いる特殊部隊としての役割を担っていたことも知られています。

『多門院日記』（天文十年：一五四一）にみえる笠置城攻めの際、

忍者といえば
真田十勇士の猿飛佐助！
私も真田十勇士の猿飛佐助ずら
私はハットリくん！
私はサスケやな！

攻城側に「伊賀衆」、籠城側に「カウカノモノ（甲賀者）」が雇われ、激戦を繰り広げたことが知られています。つまり、戦国時代の忍者とは、諜報や攻城・籠城の特殊部隊として活躍しており、怪しげな術は使わないが潜入・武力・火力の使用に秀でている人たちのことを指していました。近畿地方およびその周辺の人々には、甲賀・伊賀の人々がこれらに秀でていると認識されていたようです。

戦国時代に忍者が存在したことは確実やねぇ
とりわけスパイ活動やコンバットの役割を担っていたんやね
忍者v.s.忍者……アツイ展開や！

『多聞院日記』にみる甲賀と伊賀の戦い

天文十年（一五四一）、細川晴元は将軍・足利義晴に願い出て、伊賀守護の仁木氏に御内書を送り笠置城攻撃を命じました。命を受けた仁木氏は伊賀衆を連れ笠置城を攻撃し、彼らは城内に「忍ヒ入テ」放火し、城の建物の一部の焼き討ちに成功したのです。しかし、城大将の甥に「カウカモノ（甲賀者）」がおり、二日後に打って出て「悉く以て打殺、伊賀皆以退散」したのだといいます（『多門院日記』天文十年十一月二十六日条、同月二十八日条）。

城内に忍び入り放火する伊賀とそれを撃退する甲賀。この事例から甲賀・伊賀には攻城・籠城のスペシャリストで、侵入や放火に長けている人達がいたことがうかがえますね。

当時の甲賀・伊賀衆の特徴と、彼らに対する認識と興味関心の高さを垣間見ることができます。

創作された忍者像

近年の研究で、現在の私たちが共有している忍者のイメージは近世文学の中でつくりあげられたことが明らかになっています。

寛文六年（一六六六）、浅井了意によって著された『伽婢子《おとぎぼうこ》』は「飛加藤《とびかとう》」と「窃《しのび》の術」の二つの忍者説話を収めています。この話はそれぞれ中国の『五朝小説《ごちょうしょうせつ》』「剣侠伝《けんきょうでん》」の「崑崙奴《こんろんど》」と「田膨郎《でんぼうろう》」の構成を参考にしており、また『甲陽軍鑑末書結要本』から細部のエピソードを得ているようなのです。

『伽婢子』は翻案小説であり、超人的な動きを見せる原話の主人公「剣侠」のかわりに、日本人に馴染みのある忍者に超人的な忍術を使わせたのだといいます。『伽婢子』の二話は「忍者が忍術を用いて忍び入り、大事なものを盗んで戻ってくる」という構成の話群の先駆けであり、また虚像としての忍者を描いた小説としては、もっとも早いものの一つであろうと評価されています。

ここから人間離れした身体能力を持ち怪しげな術を用いる忍者が登場していったのでした。現実とのギャップは、江戸時代前期にすでに始まっていたといえますが、多くの人々が「忍者」を求め、楽しんでいたこともわかりますね。

意外と昔から　スーパー忍者が
登場していたんやね～

弐の巻

忍者を生み出した戦国の甲賀

甲賀衆に振り回された人々

―主無き地の甲賀衆

　江戸時代に甲賀古士と呼ばれる人々が記した由緒書の冒頭に誇らしげに書かれているのが「鈎《まがり》の陣」（第一次六角征伐）における甲賀衆（甲賀の侍たち）の大活躍。幕府軍を敵に回した近江守護佐々木六角氏を助けるためにゲリラ活動をし、ものによると将軍義尚の暗殺まで企て、忍者さながらの働きをしたといいます。しかし、それらの全てを実証することはできず、先祖の活躍を誇張して記すあまり事実ではないことをも盛り込んだものとして、ここに登場する甲賀忍者の存在そのものを認めないとする考え方もあるのです。

　しかし、同時代の資料をよくよく読み込んでみると、後世に盛り込み過ぎたところがあることは否定できませんが、全く原型がない作り話ではないことがわかります。

　第一次六角征伐において甲賀衆は敵か味方かわからない摩訶不思議な動きやゲリラ戦を展開したことがわかっています。実に、二次にわたる六角征伐、二次にわたる六角・織田戦争、小牧・長久手合戦において、甲賀衆は敵味方に分かれて戦っているのですが、その実、甲賀自体が主戦場になることは好まず、郡中で結託して合戦を終わらせるなどかなり「厄介」な動きをしているのです。敵か味方

鈎の陣所跡

　九代将軍足利義尚が、長享元年（一四八七）から一年五ヶ月の間滞在し六角征伐のために陣頭指揮をとりつつ政務をとったのが現在の栗東市鈎。陣所跡に建てられたのが、この永正寺であると言われています。

かわからない甲賀衆の振る舞いについては、足利将軍も、織田信長も豊臣秀吉も手を焼いたことがわかっています。

甲賀郡の山側、伊勢国との国境地帯に位置する「上甲賀」は、近江国にありながらも近江国守護六角氏の直接的支配下になかったことがわかっています。つまり、主なき地に住まう甲賀衆は、忍者あるいは傭兵として雇われるようなことはあるものの、支配されることを拒む独特の気風を持っていたのでした。

なお、紀州太田城水攻めの際に豊臣方に従軍したはずの甲賀衆は（またしても）裏切りとも取れる行為をしたようで、二十数名が追放されてしまいました。これが後に言う「甲賀ゆれ」。これを機に甲賀の侍身分の者たちの多くが消え、豊臣政権直轄の水口《みなくち》岡山城が築かれ甲賀の戦国時代は終わりを迎えるのでした。

水口岡山城遠景

水口岡山城石垣

水口岡山城

豊臣秀吉の命により、甲賀郡の支配の拠点として天正十三年（一五八五）に中村一氏が築いた城。東海道の宿場町水口の原型となりました。関ヶ原合戦時には西軍の長束正家の居城であったことから廃城になりました。発掘調査により全体像が明らかとなり、国の史跡に指定されました。城からは甲賀を見渡すことができます。

甲賀忍者伝説の始まり 鈎の陣

応仁の乱が収束した文明九年（一四七七）以降も各地では守護や国人らによる寺社領や公家の荘園などの押領が後を絶ちませんでした。西軍に属していた近江守護六角高頼も延暦寺をはじめとする荘園や奉公衆の所領を押領し続けており、幕府は威信回復のため将軍義尚は六角氏討伐の兵を挙げ近江に遠征したのでした。

しかし、六角氏を征伐する幕府軍は管領細川政元をはじめとして戦意は上がらずいたずらに長陣が続きます。高頼は甲賀に逃亡するものの幕府軍は追いきれず……。その中でゲリラ戦を展開したのが甲賀衆であったようです。記録に残るような目覚ましい活躍は留められていませんが、幕府軍にとっては煩わしい存在であったようです。

最終的には義尚が鈎の陣にて病没したことから（結果的に）勝利。将軍親政軍に対するゲリラ戦による勝利という成功が、甲賀忍者伝説を形作っていくのです。

問3　近江守護佐々木六角氏の居城はどこか？

出る杭は打つ甲賀衆
—滝川一益と山岡道阿弥

織田信長の重臣滝川一益は、甲賀宛ての文書に「大原滝川一益」と署名しているように上甲賀の大原同名中《どうみょうちゅう》の一員であることが明らかとなっています。また、信長、豊臣秀吉、徳川家康と渡り歩いた山岡道阿弥もまた上甲賀の出身であることが明らかです。実はこの二人、当時はともかく、少なくとも江戸時代の甲賀の人たちからすこぶる評判が悪いのです。何故でしょうか？　第一次六角・織田戦争の折に一枚岩にならず敵味方が入り乱れた甲賀に対して信長は不信感を持っており、足利義昭がわざわざ仲裁に入ってとりなしたほどでした。その後も同じ様な状況が続いたため、信長は甲賀出身の一益を甲賀郡の調整に当たらせたのです。

一益は、甲賀衆の仕来りに従いつつ甲賀郡が分裂するような争いの調整に入ったものの、うまくいかず軍事介入やむなしと判断していました。しかし、何故か両者から猛反発を食らってしまい、江戸時代に書かれた甲賀古士の由緒書にはあたかも外敵であるかのように記されています。

また、大坂の陣の際に武将として徳川方についていた道阿弥は、秀吉によって侍身分を追われた甲賀衆に鉄砲足軽として従軍するよう誘いの声を

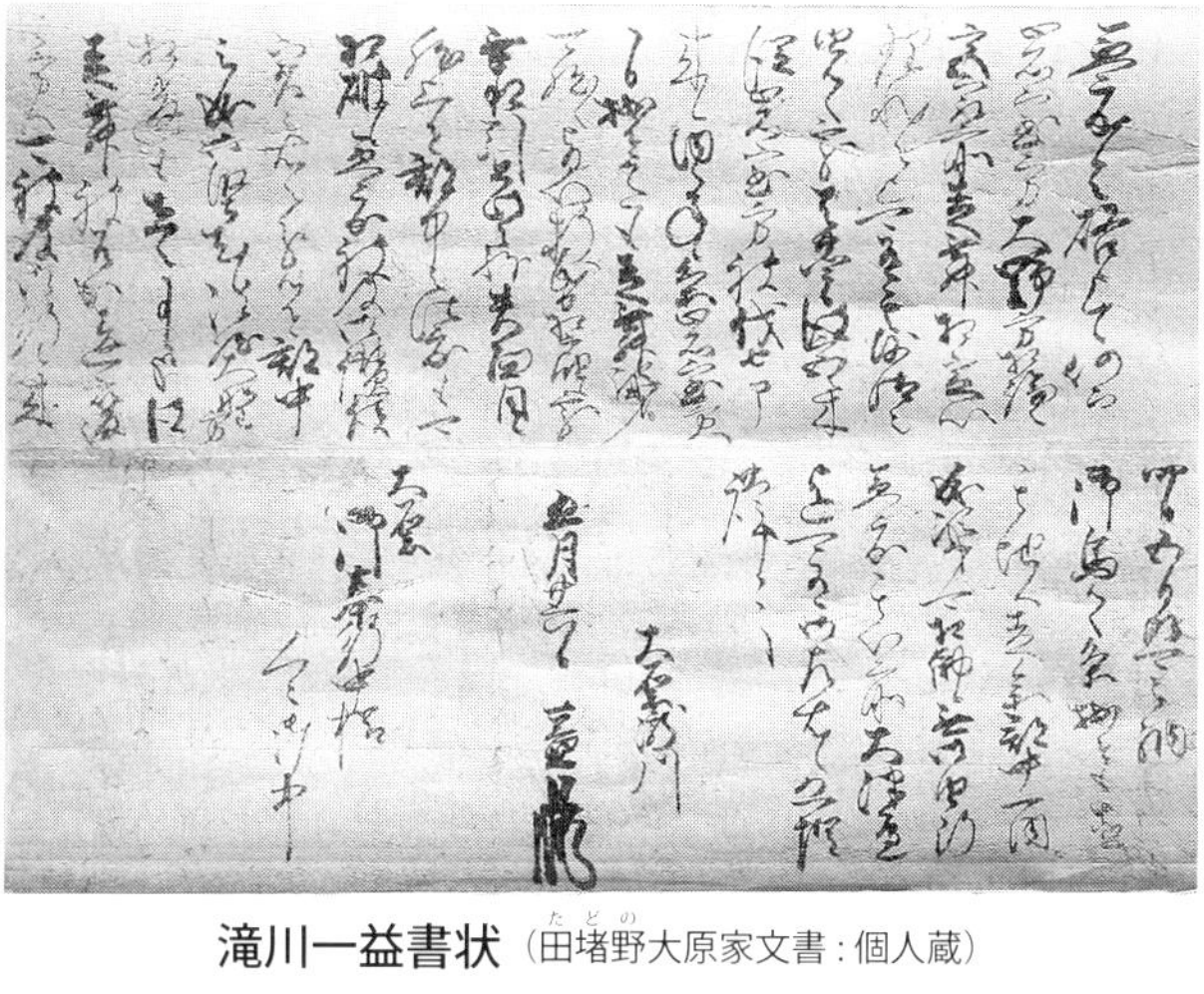

天正四年五月二六日付け、滝川一益が「大原滝川」として大原同名中に対して発した書状。滝川一益が甲賀郡大原に出自があることを如実に示すものです。

滝川一益書状（田堵野《たどの》大原家文書：個人蔵）

かけました。今日的に考えればありがたい話と思われるのですが実態は違いました。元甲賀の侍たちは今でこそ百姓をしているが、かつては同格であった道阿弥の下風に立つことを良しとせず従軍を拒否。甲賀古士の由緒書には一益と同じような位置付けで記されているのです。

甲賀出身でありながらも甲賀衆にいうことを聞いてもらえず面目を失った一益と道阿弥。それぞれに血のにじむような努力の末に武功を挙げて大名となったのですが、甲賀衆にとっての彼らは、あくまでも甲賀郡内の一員、つまり横並びの関係であり、上に立たれることも、そのような振る舞いをされること自体も認め難かったのでしょう。

先輩たち
プライド高かったんだなぁ～
甲賀衆たる者皆対等、
これは譲れないずら!

甲賀と伊賀の関係

六角征伐から六角・織田戦争、小牧・長久手の戦いに至るまで、甲賀と伊賀の人々は共に戦っています。「伊賀惣国一揆掟書案」（『山中文書』三八六）には「当国の儀ハ恙なく相調い候、甲かより合力の儀、専一ニ候間、惣国出張として伊賀・甲かさかへ目ニにて、近日野寄合あるべく候事。」とあり、甲賀郡と伊賀国挙げて協力関係にあったことがうかがわれます。

では、べったりの友好関係であったかというとそうでもないのです。そもそも当時の甲賀と伊賀が一枚岩ではなく、それぞれに要請を受けて戦ったことがわかっているので、両者の利害が一時的に一致したに過ぎないのです。生きるために現実的な選択をしていった人達、と言えるでしょう。

問4　織田信長の家臣四天王の一人、滝川一益の得意とした武術は何か？

世にも不思議な甲賀の城館群

甲賀には二〇〇ヶ所を超える城館が確認されています。一つの郡に築かれた城館の数とすると尋常ではありません。これらは数例を除いて、集落背後の丘陵端部に半町（約五〇メートル）四方で、内部から外の様子を伺えないほどの高い土塁を巡らせることを基本としたものです。また、上甲賀においては主要道から外れた枝道の果ての集落にさえ複数の城館を配しています。

このように主要道から外れた一つの集落に、しかも小規模であるとは言え複数の城館を築くことは一般的ではありません。

一つの集落を越えたレベルでの戦乱であるならば、地域の要となるところに大きな要害を構えた方が効率的ですし、主要道・間道からも外れた谷奥に入り込んだ集落の一つ一つにまで要害を構える必要はありません。城館の構造といい配置といい、戦国時代における合戦の一般常識が通用しないところであっ

（『甲賀市史』第７巻「甲賀の城」ブックレットより改変）

甲賀における城館の分布

甲賀の城館は満遍なく分布するのではなく、上甲賀と呼ばれる地域の中でもとりわけ旧水口町・甲南町・甲賀町に稠密な分布を見せます。決して等質ではない地域のあり方を示しています。

たと言えるのです。

したがって、甲賀の城館の多くは、甲賀郡内での抗争を念頭に置いて設けられたと考えられるのです。

加藤清正がイメージする甲賀・伊賀の城館

文禄の役の際に豆満江《トウマンコウ》を越えて満州兀《オ》良哈《ランカイ》に進攻した加藤清正は、「吾郎哈百姓は巳下之体、為守護者無之、むかしの伊賀・甲賀のことくにて、一在所一在所構要害有之付て、四五ヵ所令成敗候、因茲残所何も明退申候間、放火仕、先打入申候事」（天正二十年九月二十日付の木下吉隆宛書状）と語っています（寺本広作編一九六六「加藤清正文書集」『熊本県史料』中世篇五、熊本県、一九六六）。

歴戦の清正をして小規模城館が群在する兀良哈の有様から伊賀・甲賀の地を想起したのは、非常に興味深いものがあります。

甲賀の城館模式図

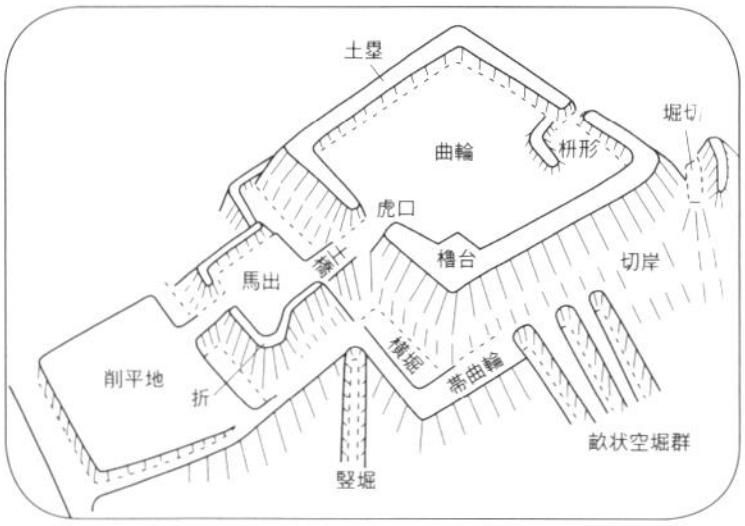

（『甲賀市史』第7巻：山下晃誉作図）

柑子《こうじ》の集落と城館

柑子の集落には丘上を削平し腰曲輪を設けた青木城跡、尾根先を切り込んだだけの望月村嶋城跡、土塁と堀切を主体とした村嶋支城跡が築かれている。単独で成り立つものではなく、相互補完しながら集落の守りを固めていると言えます。

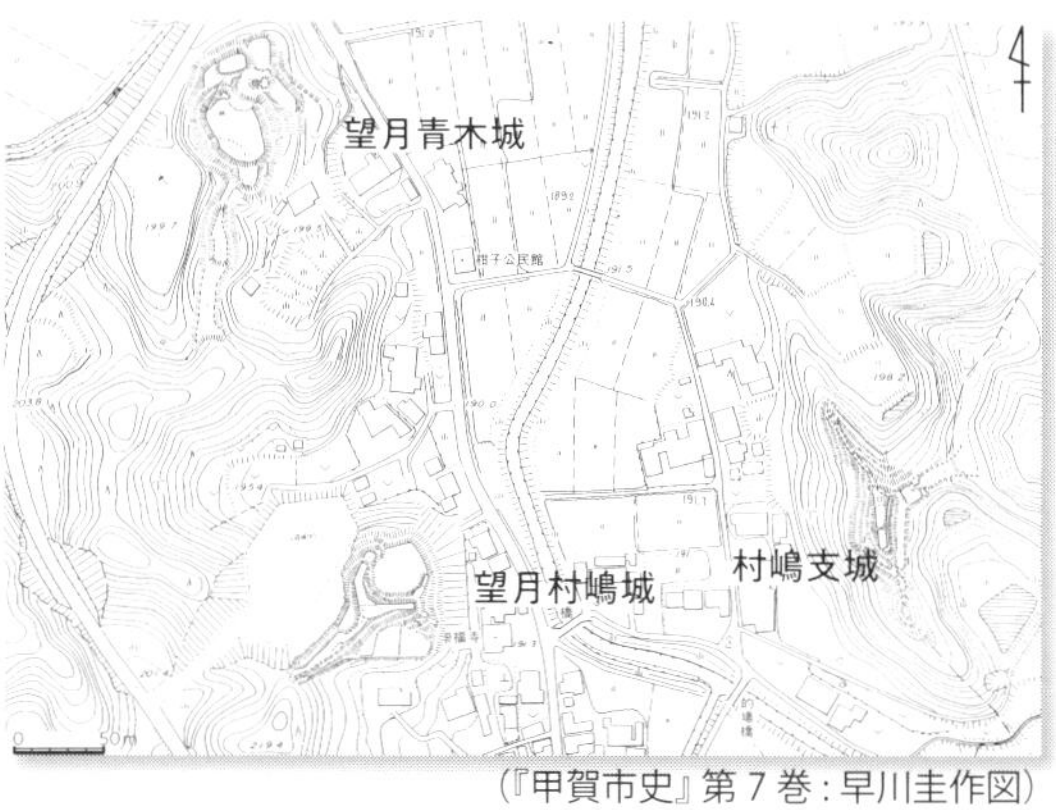

（『甲賀市史』第7巻：早川圭作図）

問5 種子島から三年後、甲賀に伝わった鉄砲。地元ではなんと呼んでいたか？

甲賀衆の掟

戦国領主＝強大な権力者（調停者）がいない甲賀郡においては、紛争の際は地元の侍が役割を定めて合議して意思決定する仕組みを持っていました。同じ名前で集団が結集する同名中や、郡全体で結集する甲賀郡中惣《ぐんちゅうそう》がありました。紛争が起こると、当事者以外の甲賀衆の中から調停者が選ばれ、合議により問題を解決しました。外敵が侵入する可能性があったときには掟書をつくり、通常の犯罪の処断方法や戦時の対応を記していました。

そのなかで驚くべきことが記されています。

ひとつは「毒害」の禁止。薬物などを用いて漁を行うことにもその名を用いることはあるのですが、記されている文脈から見るとやはり人間に用いているように見えます。もうひとつは「盗賊人崇敬」の禁止。当たり前といえば至極当たり前のことではありますが、それをわざわざ記さなければならないほどに、戦国時代の甲賀の日々は、決して安穏としていなかったのでしょう。

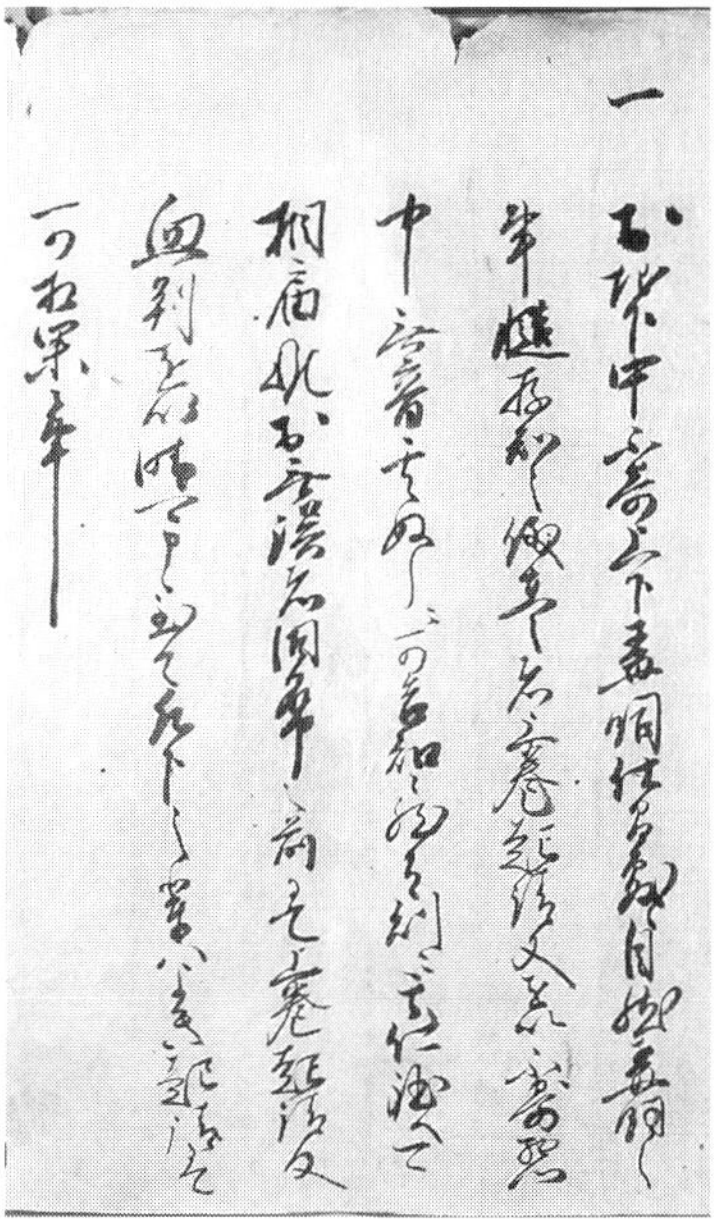

大原同名中与掟写：第十四条 毒飼
（国文学研究資料館蔵）

石川五右衛門
憧れるずら～

毒殺、盗人崇拝ダメ絶対！

甲賀の総社・油日神社
楼門から拝殿、本殿を望む

甲賀郡中惣遺跡群

戦国時代の甲賀は守護大名の支配から逃れ、土豪・地侍という小領主による甲賀郡一帯に自治組織「甲賀郡中惣」を形成しました。郡中惣が形成されたのは、織田信長の近江侵攻という軍事的緊張を背景に、概ね永禄年間頃と考えられています。その後、豊臣秀吉により多くの甲賀衆が追放され、郡中惣は終焉を迎えました。

甲賀の城は一九八〇年代後半から調査が進み、二〇〇八年には、「甲賀郡中惣遺跡群」として五つの城が国の史跡に指定され、さらに翌年には、甲賀衆の結束と寄会の場であった矢川神社と油日神社の両境内地が追加指定されました。

指定された城跡はいずれも「単郭方形四方土塁」を基本にした典型的な甲賀の城であり、集落に寄り添うように築かれています。このうち新宮城跡は、複数の曲輪を連ね主郭への進入路を屈曲させて、枡形状虎口を造っています。またそれに隣接して築かれた新宮支城跡は、高さ一〇メートルに及ぶ分厚い土塁で四周を囲み、両側を深い堀切で防御しており、新時代の技術も取り入れた甲賀の城のひとつの到達点を示しています。

甲賀忍者が生まれた頃、様々に工夫がなされた甲賀の城と彼らが集った矢川神社と油日神社を訪れてみませんか。

問6　在地豪族や地侍達の自治独立の地であった甲賀の自治組織を何と呼ぶか?

逃げ込んだ者勝ち 無縁の地、甲賀

戦国時代の甲賀には、実に幾人もの政治的敗者が逃亡しています。名前を挙げると、将軍足利義稙、のちの将軍足利義昭、のちの幕府管領細川澄元、近江国守護六角高頼、承禎、義治の六名。匿っただけでなく、加勢して凱旋させています。

公家や寺社の日記などからほぼリアルタイムで逃亡先が明らかであるにも関わらず追っ手は来ません。いかに甲賀が物騒なところであったとしても、やる気になれば追っ手を差し向けることは不可能ではないと思われるのですが、それを実践した試しはないのです。加えて不思議なのは、甲賀衆が彼らを捕縛して突き出すことも無かったのです。とても不思議な場所といえるでしょう。逃亡した政治的敗者に甲賀衆が助力して凱旋させているのは理解を超えています。一度ならば偶然かもしれませんが、幾度も……。

通常の地域とは異なり甲賀に対する特異な認識、そして甲賀の中にある特異な常識があったとしか考えられません。

中世においては大規模な寺社や辺境地などは政治権力の及ばない「無縁」とされていました。近江国と伊賀国の国境地帯に位置し、守護大名から直接支配を受けず固有の領主を持たなかった甲賀は、「無縁の地」と認識されていた可能性が高いのです。

鈴鹿山の山賊

甲賀には京都と東日本を結ぶ東海道が縦貫していますが、大きな障壁がありました。それが鈴鹿山でした。山道が険阻なことに加えて山賊が出没する危険な場所であることも広く知られていました。

物陰に隠れ、旅人が鏡岩に映ると襲いかかったという伝説や、旅人を襲っていた巨大な蟹（山賊を比喩したもの）をさる僧都が往生させたことにちなんだ「蟹ヶ坂飴」が名物となっています。

当時の京都から見ると山賊が跋扈する辺境の物騒なところと認識されていたようです。

鏡岩

蟹ヶ坂飴

問7　大原同名中での物事の決定方法は、先ず何か？

神君伊賀越え？

甲賀衆が大きく関わった著名な出来事として天正十年（一五八二）の本能寺の変後に徳川家康が堺から本国三河へと逃亡する際に伊賀を越えた、いわゆる〝神君伊賀越え〟について触れておかなければなりません。

確実な資料を見ると、和泉の堺から伊賀を越えて伊勢に至り、船で三河に帰国したことのみが明らかで、南山城から近江信楽を経由して伊賀の峠を越えたことは間違いありません。にもかかわらず「南山城、信楽、伊賀越え」と記さないのは、南山城から伊賀までは、多羅尾をはじめとした甲賀衆が警護に付き従っていたことに加えさほど険路が無かった一方、天正九年（一五八一）の天正伊賀の乱の直後で地域内での状況が把握できない伊賀の峠道を通過することに対する印象に拠るのかもしれません。ただし、家康一行は伊賀路を半日以内の行程で難なく通過したことが確実であることから、命からがらといわれるほどの困難が伴ったかどうかは明らかではないのです。

江戸時代の中・後期における江戸の伊賀者の困窮から、伊賀者の活躍が強調され喧伝されてきた可能性も否めないでしょう。

多羅尾氏と伊賀越え

神君伊賀越えの最大の功労者といえば小川城主と伝えられる多羅尾光俊《たらおみつとし》。南山城から加太峠までの道中を警護しました。その後、豊臣秀次事件に連座して改易されましたが、徳川幕府成立後に幕府直轄領を管理する信楽代官に任じられました。他に類例がほとんどない世襲代官として江戸時代を通じて十代に亘って勤め、近江と伊賀の国境に代官屋敷を構えました。神君伊賀越えの功績の証と言えます。

小川城跡

多羅尾代官屋敷跡

戦国の甲賀 ―忍者を生み出した土壌

大坂夏の陣が終わって半世紀以上経ってから著された『万川集海』にはこのようなことが……。

「余国は皆守護有りて其の国民相願うといえども、伊賀甲賀の者どもは守護有る事なく、各我持にして面々が知行の地に小城を構え居て、我意を専らとせり。守護、大将なき故に政道する者もなきによって、互いに人の地を奪い取らん事をのみ業として武備を以て心とせり。互いに便宜を窺う代わりなれば、忍びを入れて城郭を焼き、或は敵の内意を知り、誘などを以て敵の和合を妨げ、或は襲うて夜討などをなし、或は敵の不意に出て千変万化の謀計を心として、士はいつも馬の鞍を放たず。雑人は常に足半を太刀の鞘にさして一日も心を安んずる事なし。されば、小勢を以て多勢に勝ち柔弱を以て剛強に勝つ事、忍びを入るるにしくはなしとて、何れの士も平生忍びの手段を工夫し、陰忍をば下人どもに習わせり。去によりて下人どもの中に十一人、陰忍の上手出来して自国他国を撰ばず忍び入り、人の邑を掠め、人の城を抜きて勝を取る事、掌を廻す如し」

もちろん誇張はあると思えますが、全てが虚飾とも思えません。甲賀が無縁の地であった可能性、そして城館の在り方や甲賀衆の掟書などをみてみると、かなり真実味があると言えるでしょう。

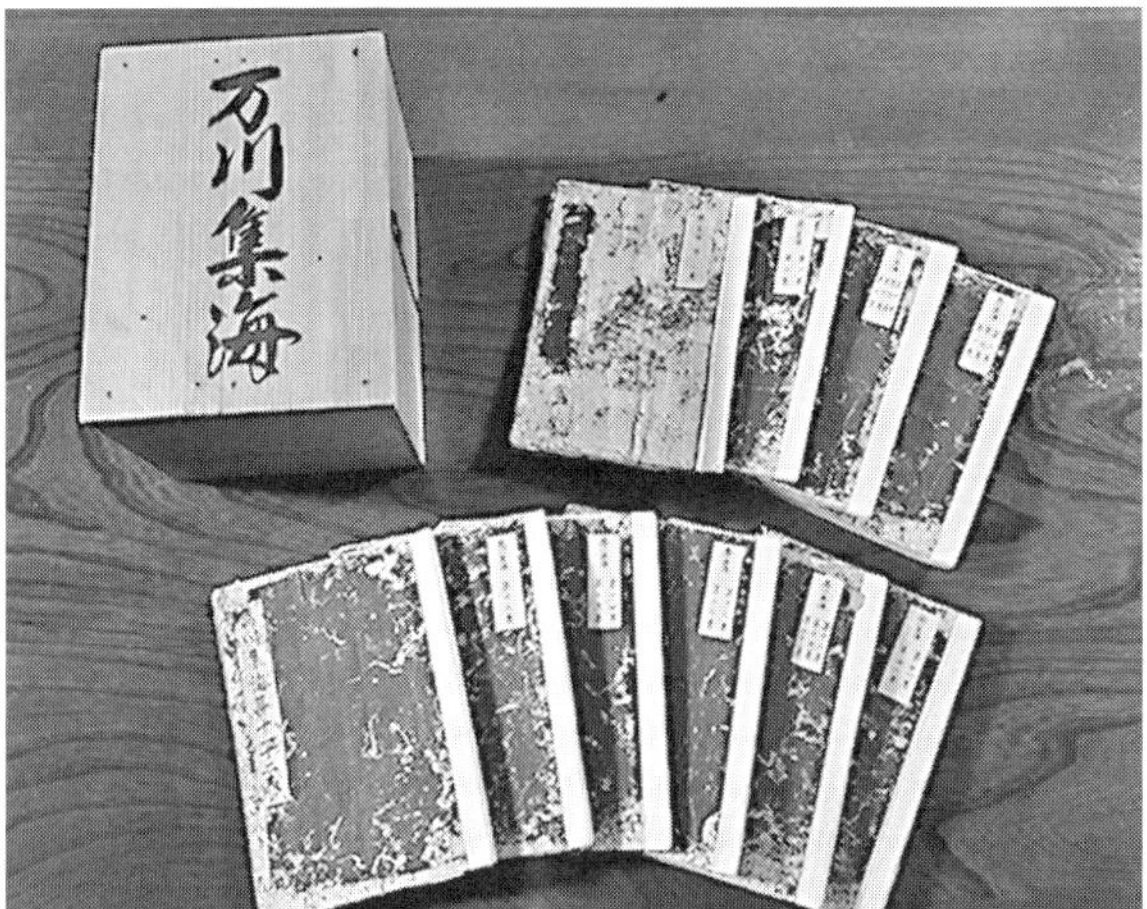

『万川集海』（個人蔵）

写真の万川集海は甲賀の大原家に伝来したもの。忍びの里に伝え続けられてきたもので、紙の傷みは読み継がれてきた証でもあり、むしろ千金の重みを感じることができるでしょう。

參の巻

江戸時代の甲賀忍者

島原の乱と十人の甲賀者

島原の乱にあたって十人の甲賀者が松平伊豆守に志願して従軍したといいます。詳細については江戸時代後期に記された由緒書に詳しく記されています。

この十人とは、望月與右衛門、芥川七郎兵衛、山中十太夫、伴五兵衛、夏見角介、岩根勘兵衛、芥川清右衛門、鵜飼勘右衛門、岩根甚左衛門、望月兵太夫。彼らは手始めに、籠城方の監視をくぐり抜け、二の丸出城までの距離や沼の深さ、道の良し悪し、塀の高さや矢狭間《やざま》のかたちを記録し、出城の角に堅木を打ち込んだといいます。兵糧米を盗んできた話や、城内で毎夜唱和される内容を塀外から聞き取ってきた話。また、城内潜入を試みたものの、望月與右衛門が落とし穴に落ちてしまい潜入が発覚し、石つぶてを投げられ半死半生で生還する最中、幟《のぼり》を盗んできた話など今ひとつ冴えない話が続きます。そもそも兵糧を盗んでくるという話は江戸時代の忍者咄に出てくるものなので信憑性はないとする考えもあります。

ただ、城内で唱和される内容を聞き取りにいったとする話については、城内での話を聞き取るために忍者を放ったが言葉が聞き取れなかったとのことで松平伊豆守の息子が激怒したことが『島原日記』に記されていることから、全てを額面通りの事実として認めることは難しいものの半分は事実。加えて、地元甲賀においては、家伝や系図に島原の乱に従軍したと記すものを散見することができます。そのようにみてみると、潜入に失敗し大怪我を負いながらも命からがら生還したという冴えない話もリアリティーがあるとみて良いのではないでしょうか。最後の忍び働きとばかりに意気込んだ彼らの姿を見いだすことは可能なのです。

甲賀53家実態調査　甲賀市在住の甲賀53家と同じ姓を持つ725世帯に聞きました。※有効回答数224世帯

「私は忍者の子孫、またはゆかりの者だと思う」と回答した世帯

88世帯／224世帯

実は忍者の子孫/縁者で、またはそうだと伝えられていて、証明できる物を所有している	10
子孫/縁者だと伝えられているが、証明できる物はない	35
多分子孫/縁者だと思う（自称、噂、憶測含む）	43
ご近所、友人には子孫/縁者がいる	8
おいそれと教えることはできない	3
今からでも子孫/縁者になりたい	6

甲賀流忍者調査団では、忍者にかんするアンケートを行い、島原の乱に参陣した忍者の末裔を捜し出しました。

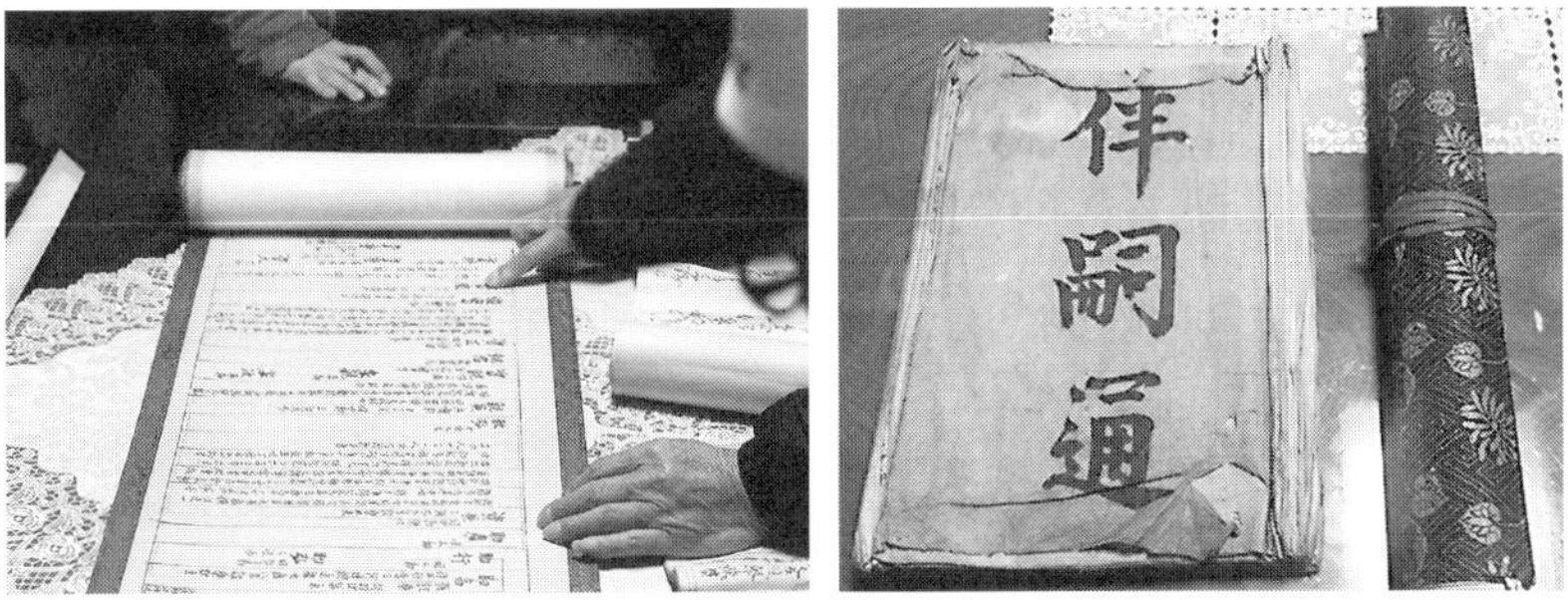

島原の乱に参陣した忍者の末裔・伴家での文書調査

え！望月先輩落とし穴に落っこっただ？私もよく落ちるずら！
先輩の失敗から学びましょーよ、くらさわ忍者…

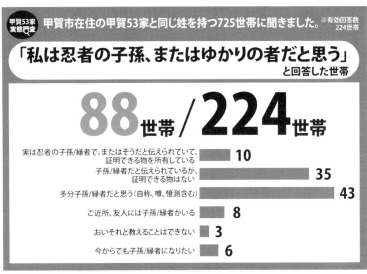

尾張藩御忍役人

―甲賀在宅非常勤忍者の実像

尾張藩には木村家を筆頭に、甲賀五人からなる忍者（御忍役人）がいました。彼らの存在は、尾張藩士から根掘り葉掘り聞き出された内容によって明らかとなっています。

尾張木村家初代の奥之助は、甲賀の山伏であり忍者の頭領の息子で、大須観音の裏手にある山伏の溜まり場であった清寿院にいたことをきっかけに仕官したといいます。木村家は名古屋城下長久寺近辺に住まい、残る五人は甲賀在宅のままで仕官していました。甲賀五人の表向きの勤めとして砲術の「稽古」がありました。享保三年（一七一八）頃までは、毎年五～六月に三人ずつ名古屋に出仕し、翌年からは年に一人ずつが「矢田川原」にて鉄砲稽古を勤めることになっていたようです（『名古屋叢書』二四巻所収「昔咄」）。また、「御軍用」は騎馬で勤めることや、普段は毎年正月に名古屋城下へ参着し、金子を受け取ることが定められていました（「雄園漫録」鶴舞図書館蔵）。

表向きは鉄砲打ちとして召し抱えられていましたが、「御用」のある時には人に言えないミッションを果たしたようで、大和郡山藩の改易《かいえき》の際に

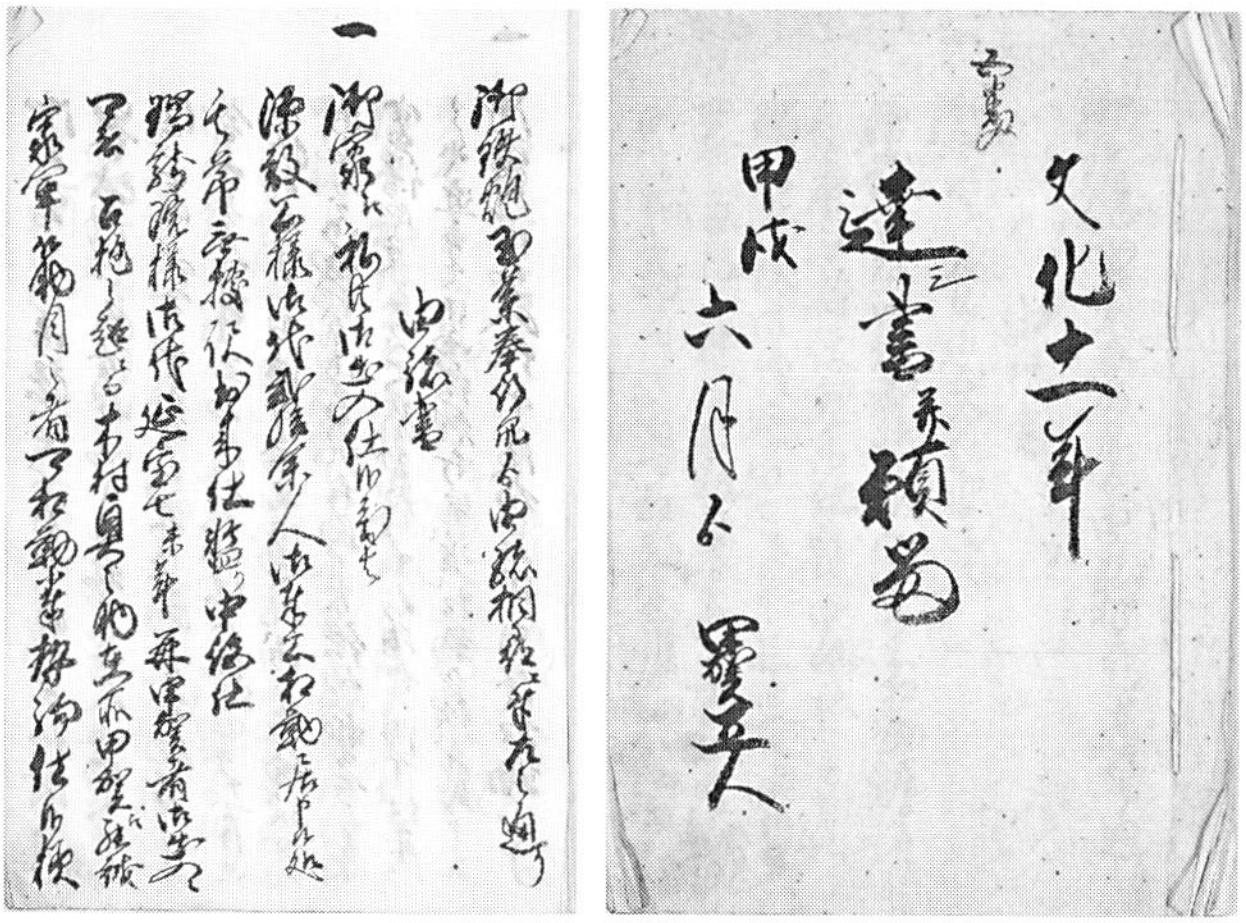

尾張藩に仕えた御忍役人甲賀五人の由緒書。尾張藩に提出されたものです。この他にも尾張藩の諸記録から甲賀者が仕えていたことがわかります。

達シ書并願留（甲賀市蔵）

不穏な動きがないかどうか探索に出たことがわかっています。浅野内匠頭が吉良上野介を斬りつけて赤穂藩が改易になった際に近隣の忍者が大挙して赤穂城下に集ったように、情報収集は極めて大きな働きどころであったのでしょう。

名古屋城下に住まっていた木村家のことについては明らかになっていましたが、甲賀五人の実態については明らかではありませんでした。近年その一人である渡辺家の文書全点の調査を実施し、彼らの姿を明らかにすることができました。

代替わりに際して提出された起請文から、渡辺家を含む甲賀者は基本的には世襲であったことがわかりました。そこには、術数《じゅつすう》を尽くして命を捨てて御用を勤めること、病身の場合は仲間が代理となること、父子兄弟・朋友にも他言しないことを神仏の名のもとに誓約するものであることが記されています。この他には忍術のみならず、通常の鉄砲や大筒・棒火矢、弾丸・火薬、それらの打ち方など炮術の兵法書が数多く残されていました。炮術、とりわけ鉄砲は、幕府や諸藩に仕えた甲賀者に共通する要素で、『万川集海』巻二一に「火器をもって忍術要道の根元とす」とあるように、これらの技術の習得は甲賀者の条件の一つと考えてよいのかもしれません。なかでも興味深いのは、「咄書」と題されたもの。甲賀者の家で相伝する忍術や忍びについて甲賀者と尾張藩役人との間でなされたやりとりと、そこでの問題点について考察したことが記されているのです。この

名古屋城下の甲賀忍者

尾張藩御忍役人の頭領である木村奥之助が出入りしていた清寿院は大須観音の裏手。現在は商店街に囲まれており、すっかり様変わりしていますが、もしかしたら忍者や山伏が隠れているかもしれません……。

御忍役人たちが世を偲ぶ仮の姿として砲術の稽古をしていた名古屋郊外の矢田川河原。どのような面持ちでここに立っていたのでしょうか。想像は膨らむばかりです。

清寿院跡地、那古野山公園

矢田川

問9　尾張藩木村奥之助の祖先は磯尾村に住んでいたが、その職業は何か?

文書の中では甲賀忍者がどういった経緯で尾張藩に仕えるようになったのか、忍術秘伝書は持っているのか、どのような技を使うのかなどと甲賀者は尋ねられています。そこで彼らは正面から答えずなるべく無言でいようと申し合わせています。尾張藩には学者がたくさんいるので中途半端に答えると追求されるであろうから、最初から言わない方がいいとまで言い切っているのです。御忍役人のあり方を知る上で、重要な資料と言えます。

ただこれらの文書には、どのような「裏」の任務を果たしたのかについては一切記されていません。これが起請文にみえる守秘義務なのでしょうか。ちなみに、甲賀流忍者調査団では渡辺家の絵図をもとにゴミ穴の発掘調査を行いましたが、もぬけの殻。つまり、土中で分解してしまう有機物のみを選別して廃棄していたことがわかり、証拠を一切残さない忍者の姿を感じさせるものでありました。

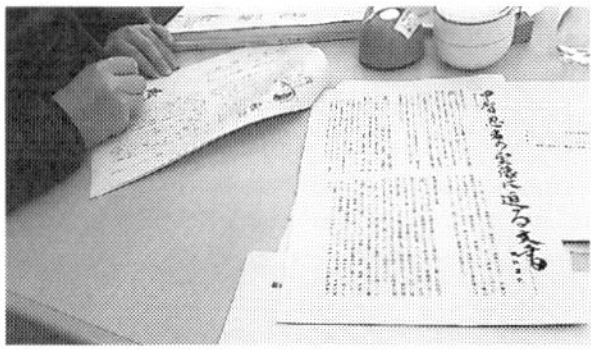

絵図をもとに発掘調査

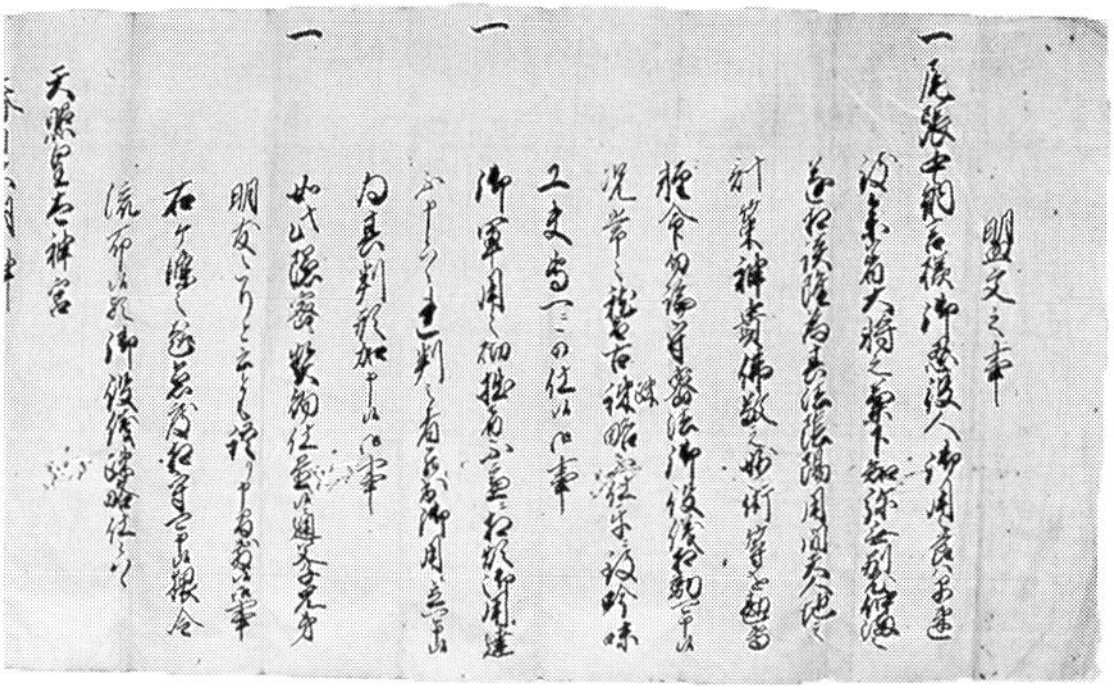

盟文之事

盟文之事（渡辺俊経氏蔵）

渡辺俊経家文書の中の一つで、「御忍役人御用」を勤めるにあたって尾張藩に提出した起請文の写し。代々起請文を提出していたことがわかり、世襲で御用を勤めていたことをはじめ、守秘義務があったことなどがこの文書により明らかとなりました。江戸時代における甲賀忍者の実態を明らかにした極めて重要な文書です。

忍者のお勤め　松本藩芥川九郎左衛門

信州松本藩戸田松平家は、甲賀出身の芥川九郎左衛門を抱えていました。寛文十二年（一六七二）、戸田氏が美濃国加納藩（岐阜県岐阜市）を治めていた時に仕え、戸田家が移封された志摩国鳥羽（三重県鳥羽市）、そして信濃国松本（長野県松本市）へと付き従ったのです。

松本に残された文書には、大きな紙製の凧を作り上空から城に火を落として焼き討ちにしたことを記す『甲賀隠術極秘』と題する忍術書や九郎左衛門が安政三年（一八五六）にイギリス船が入港した「箱館」（北海道函館市）の様子を記した「道中日記」、諸国の城の堅固さや食物の値段、作物の豊凶などの知識を蓄えるよう指南し「国々において知己を求め置く事」が最も重要と忍びの心掛けを説く「修行中心掛」があります。

安政七年（一八六〇）三月三日に起こった桜田門外の変にあたっては、三月十六日に九郎左衛門が水戸へ、そしてその弟子が彦根へ潜入しています。また、元治元年（一八六四）の長州征伐の時には、長州に一ヶ月ほど潜入して長州勢の様子を探っています。慶応四年（一八六八）の北越戦争にあたっては、まず九郎左衛門を送り込み、どこに陣を据えたらいいか、地形はどうかを調べて、それに基づいて松本藩は兵を出していることが知られており、藩の命運を決するような事態が生じたときには、情報収集を行うことになっていたことがうかがえます。

なお、松本の地にあった芥川九郎左衛門は不思議の術を使う人として知られていたようで、真偽のほどは全く定かではないのですが、幾つかの逸話が残されています。

松本城

問10　甲賀五人衆の渡辺家。平時の仕事は何だったか?

甲賀古士の就活

江戸時代に入り百姓身分となっていた甲賀衆は、幕府への仕官を願い出るべく寛文七年（一六六七）に「恐乍訴状を以て言上仕候」を提出しました。そこには永禄五年（一五六二）の鵜殿合戦から寛永十四年（一六三七）の島原の乱に至る徳川家とのかかわりが綿々と記されています。それに加えて、正徳二年（一七一二）の「甲賀古士之事」においては第一次六角征伐（鈎の陣）における甲賀衆の活躍が記され、寛政元年（一七八九）の江戸訴願までに記されていたであろう「鵜飼勝山実記」においては島原の乱における甲賀十人の活躍が記されています。しかし、いずれの訴願においても幕府に雇い入れてもらうことはできませんでした。

経済的困窮を理由に幕府への奉公と手当を下されるよう願い出るべく、寛政元年二月に十九家を代表して上野八左衛門と大原数馬両名（のちに隠岐守一郎が加わる）が代表として江戸に出府しました。そこで「御盃井ニその外高帳・宗旨帳・家ニ伝え候書物古キ物共」の提示が求められ、「御盃箱入」、島原一件の書類、足利義昭の書状、滝川一益の書状、上野・大原・隠岐氏の系譜三通、「忍術の書」十冊、「軍要秘記」一冊、「古忍書」二冊、野田村望月氏の「往古よりの書簡」一巻を提出しました。「忍術の書」十冊とは延宝四年（一六七六）に著されたとされる『万川集海』のことです。

訴願の結果、幕府に奉公することは許されなかったものの、十九家には銀三九枚（銀一枚が銀四三匁）が下賜されました。興味深いのは、均等に下賜されたのではなく、出府した三人には銀五枚ずつ、出府しなかったが忍術を日頃から心がけていた八人には銀二枚ずつ、出府せず忍術を心がけていない八人には銀一枚ずつが下賜されたことです。忍術を日常的に鍛錬しているかどうかが、彼らの存在意義に関わっていることを示すものだったのです。

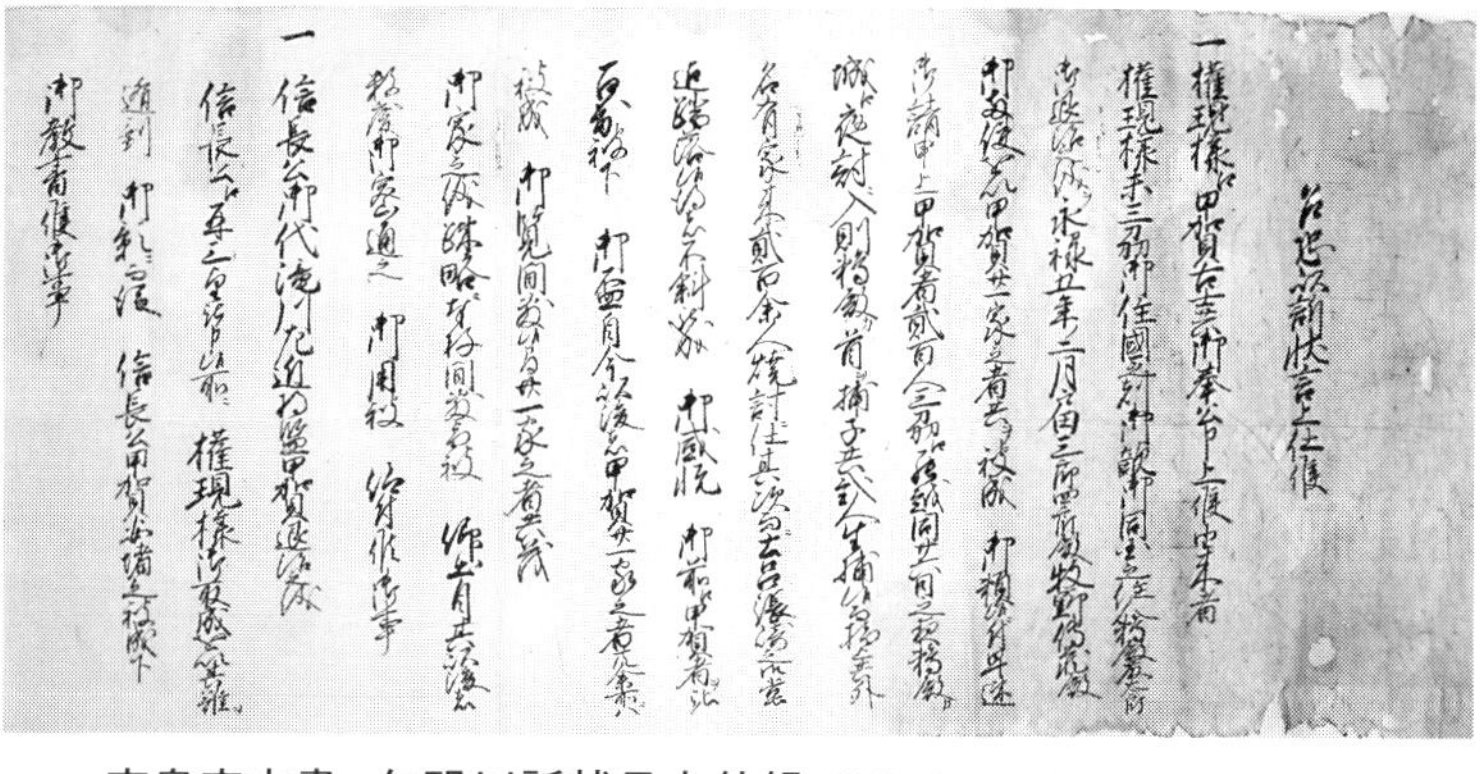

宮島家文書：乍恐以訴状言上仕候（滋賀大学経済学部附属史料館蔵）
寛文の訴願の際に作成された訴状。徳川家との関わりを中心に記しています。

甲賀の忍術

忍者の科学知識

甲賀では生物化学兵器が開発されていました。

延宝九年（一六八一）の年紀のある「毒薬之方」。そこには射程三キロメートルとされる棒火矢の先端に直径四センチ、長さ十二センチの竹筒の中に毒性昆虫カラハンミョウやフグの肝など十二種類の物質を粉末にして入れ、敵に向けて撃つのだといいます。そこには「数百人討殺、破軍致させ候事」とありますが、真偽のほどは定かではありません。なお、これらの化学兵器を製造する際には、密陀僧《みつだそう》という一酸化鉛と朝鮮人参を油で練って顔面に塗り、防護する方法も記されており、彼らの科学的態度に驚嘆するほかありません。

ちなみに、忍術書に登場する薬物の代表格は、番犬退治には馬《ま》銭《ちん》（毒成分：ストリキニーネ）、暗殺にはトリカブト（毒成分：アコニチン）、不思議な薬の阿呆薬は大麻（毒成分：テトラヒドロカンナビノール）。ストリキニーネは昭和五〇年ころまで野犬退治に使用されていました。このように忍者の科学知識は良くも悪くも現代に引き継がれているのです。

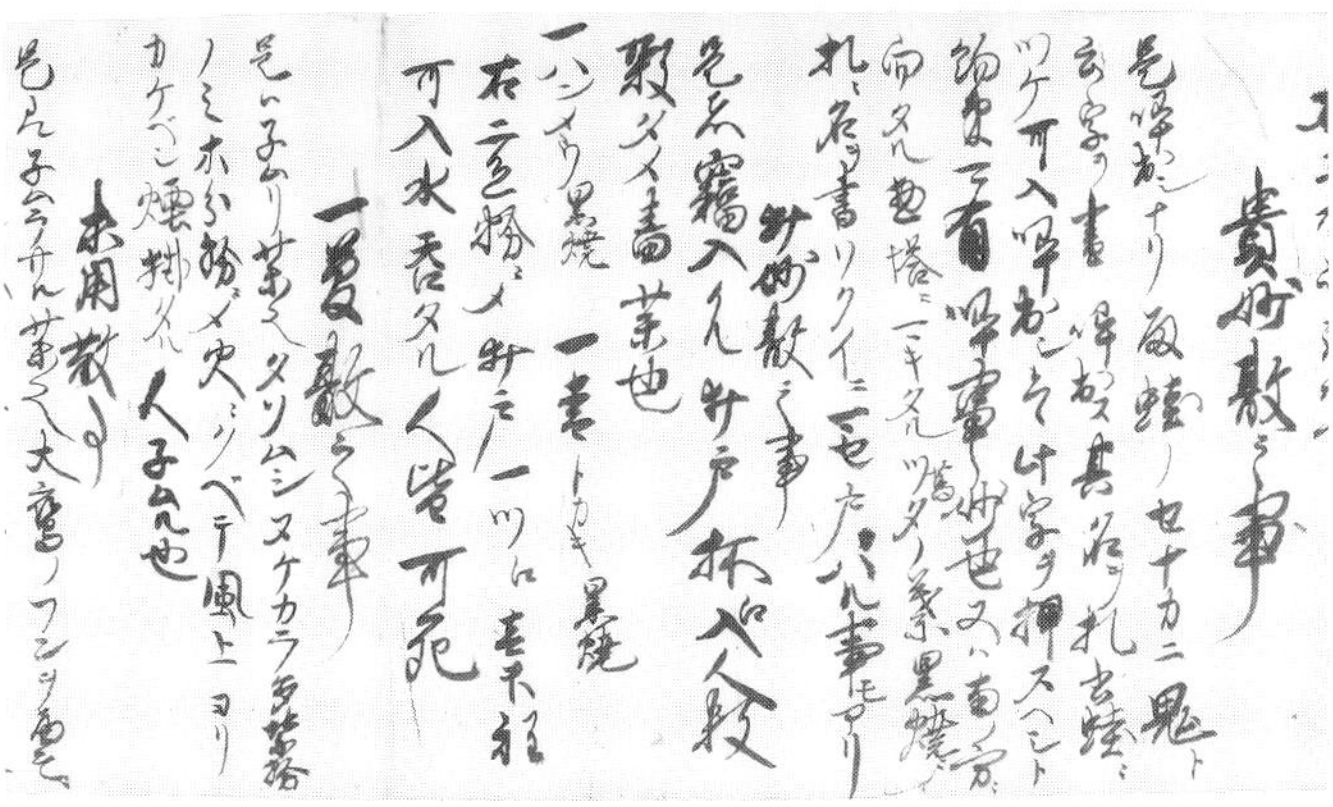

忍法行書（渡辺俊経氏蔵）

延宝七年（一六七九）に尾張藩甲賀者の頭領木村奥之助久康のものを渡辺家が写したもの。井妙散をはじめとした毒薬の製法も記されています。

忍者といえば火術でしょ

江戸時代の甲賀忍者の実態を明らかにした渡辺俊経文書を見ると、砲術に関するものが数多く含まれていることに気づきます。内訳を見ると、通常の鉄砲や大筒・棒火矢、弾丸・火薬、そして打ち方と多岐にわたります。「砲術」は、幕府に仕えた甲賀百人組や岸和田藩五十人組、尾張藩御忍役人にも共通するところで、こうした技術の習得は甲賀者の条件の一つであると考えられているのです。

『万川集海』に「火器をもって忍術要道の根元とす」とあるように、砲術の習得は忍者たらんとする者は避けて通れない重要なものであったのでしょう。

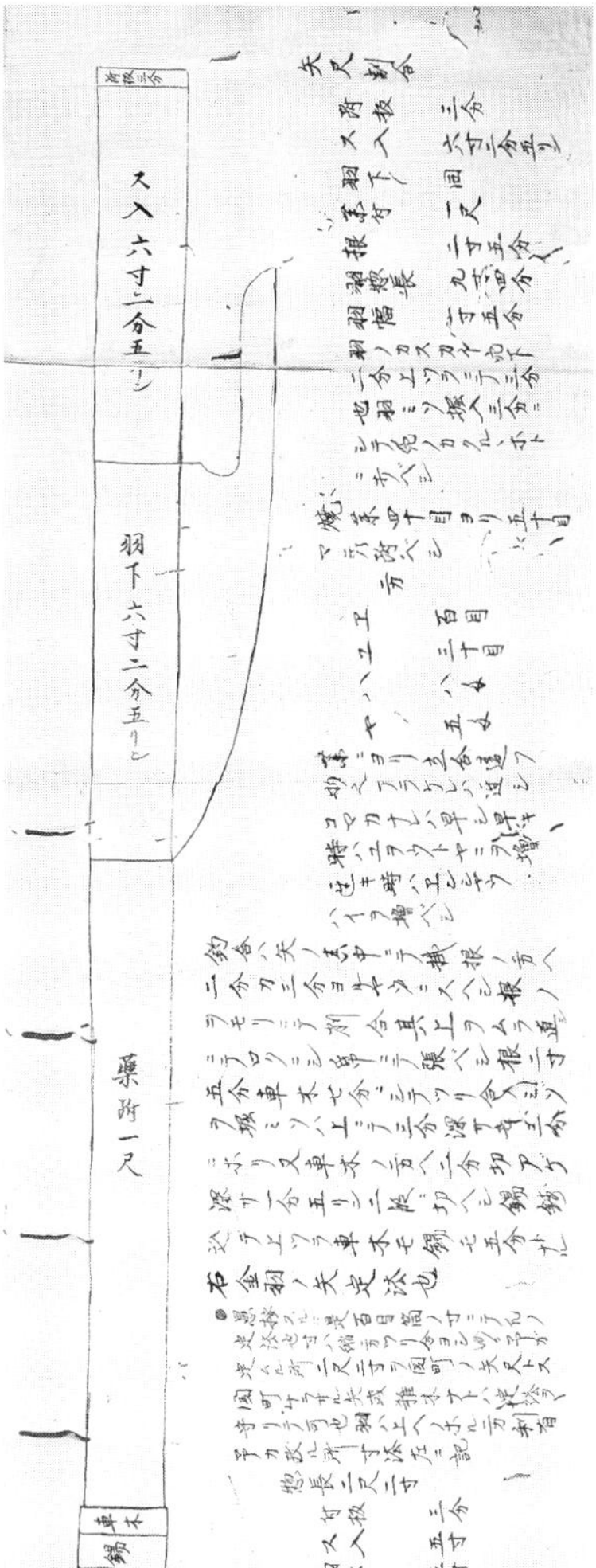

自得流火術目録（渡辺俊経氏蔵）
棒火矢など、様々な砲術が記されています。

印を結んでみる

忍者は「臨・兵・闘・者・皆・陳・裂・在・前」と唱えながら、それぞれの文字にあわせて、指を組み合わせて「印」を結びます。これは「九字護身法」と呼ばれる技法で、本来は「魔除けの技法」です。

近年、三重大学医学部の小森照久教授が、九字を行っている状態の脳波を調べるという研究を行いました。忍術修業をしたことのある人と修業をしたことのない人に対してストレスを与えたあとで、脳波を調べたのです。すると、九字の印を結ぶことで、「リラックスするだけでなく、集中力も維持された状態」になることがわかったそうです。

怪しげな術が始まるということではなく、忍者のルーティーンとも言える印を結ぶことによって精神を落ち着かせ、潜在能力を存分に引き出すことができるということなのです。

＊結び方には諸説あります

水蜘蛛《みずぐも》

忍具の代表選手といえば水蜘蛛。中央の四角形の板（あるいは箱）を囲むように四枚の板を円形に組み合わせた水器です。『万川集海』には、水蜘蛛の外径を「二尺一寸八分（約六五センチ）」にすることや、中央の板に「牛皮」を敷くことなど細かい記載がありますが、使い方の説明はないのです。

水蜘蛛を二つ用意し、中央の板に足をのせて水面を歩くというのが一般的なとらえ方ですが、なかなかうまく歩けず実用性を疑問視する向きもあります。近年、中央の板に座るという解釈が出され、下半身は濡れるけれども沈むことはないと言われています。

一体、正しい解釈は何なのでしょうか。

頭を抱えている私たちを遠いところから忍者がニヤニヤしながら見ているような気がしますね。

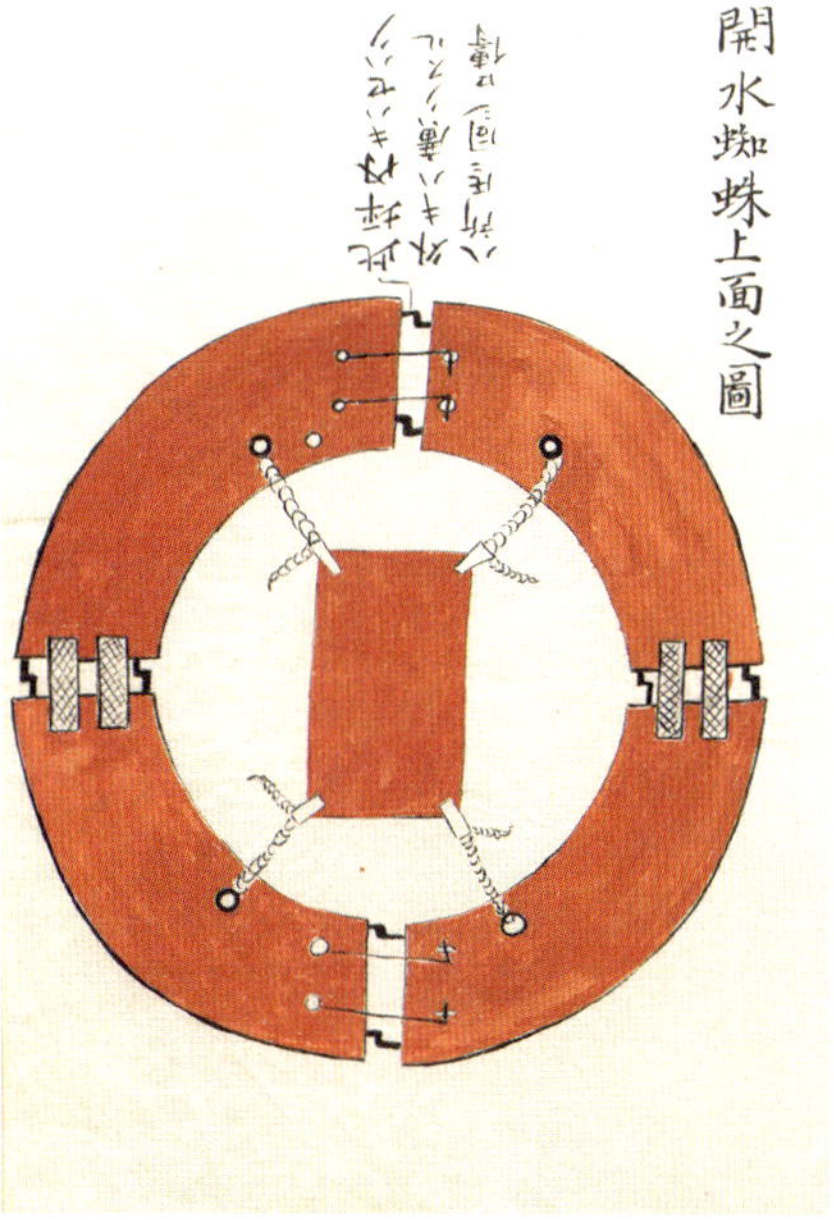

甲賀古士による寛政の訴願の際に幕府に提出されたもの。現在は、国立公文書館に所蔵されています。

『万川集海』水蜘蛛（国立公文書館蔵）

水の上から忍び寄る先輩……かっこいい！

正心とは？

『万川集海』においては、使われる側の忍者に道徳心としての「正心《せいしん》」が強く求められています。侵入窃盗暗殺と盗賊と変わらぬ忍者の活動を浄化するため、君主に対する忠誠心の厚さである「正心」に仮託されていたと考えられているのです。

ただし、その「忠節」は、その身を「主君にう（売）りて置きたる故」に尽くさねばならないものだと直裁に述べられています。つまり、『葉隠』に見られるような武士道的な主従関係を想定されている訳ではなく、言わばドライな主従関係を想定していると言えるのです。また『万川集海』によれば「忍」は「刃の心」を意味するとされ、それは「仁義忠信を守る」ことによって形作られると語られます。とはいえ、その「仁義忠信」は、あくまでも「強く勇猛をなし」し「変に応じ謀計を運す」ために求められるのであり、武士道において根本にあるべき為政や秩序の原理となるものではないとするのです。

『万川集海』の「正心」や「仁義忠信」の観念は武士道とは大きく異なるものであると言えます。

やからこそ、
独自の正心や仁義忠信は
欠かせへんねんな

忍びの任務といえども
悪であることは
否めねぇずら

忍びの里　甲賀をゆく

修験の行場をゆく

忍者と関わりの深い修験の行場である飯道《はんどう》山《さん》と岩尾山《いわおさん》を訪ねてみましょう。

飯道山

飯道神社は、宇賀御魂神《うかのみたまのかみ》および飯道大権現を祭神とします。かつては神宮寺飯道寺を始めとして数多くの坊からなる山岳修験の寺院でした。現在は国指定重要文化財飯道神社本殿を始め、飯道寺跡・行者堂・弁天堂・五院跡・木喰上人応其墓などがあります。

飯道山は標高六六四・二一メートル。全山が花崗岩の岩山で、西覗き岩・不動の押し分け岩・蟻の塔渡り・胎内くぐり・鐘掛岩などの奇岩が各所にあります。現在は江州飯道山行者講の行場となっており、かつては著名な霊場でした。

よっしゃ修行するぞ!

飯道神社

飯道神社本殿

修行の道も一歩から!

修験の行場はスリル満点！ 間違いなく修行できます。くれぐれも安全に気をつけてくださいね！

景色の良いところで食べるおにぎりは最高ずら～

え、おにぎり持ってきたの？

平等岩

蟻の塔渡り

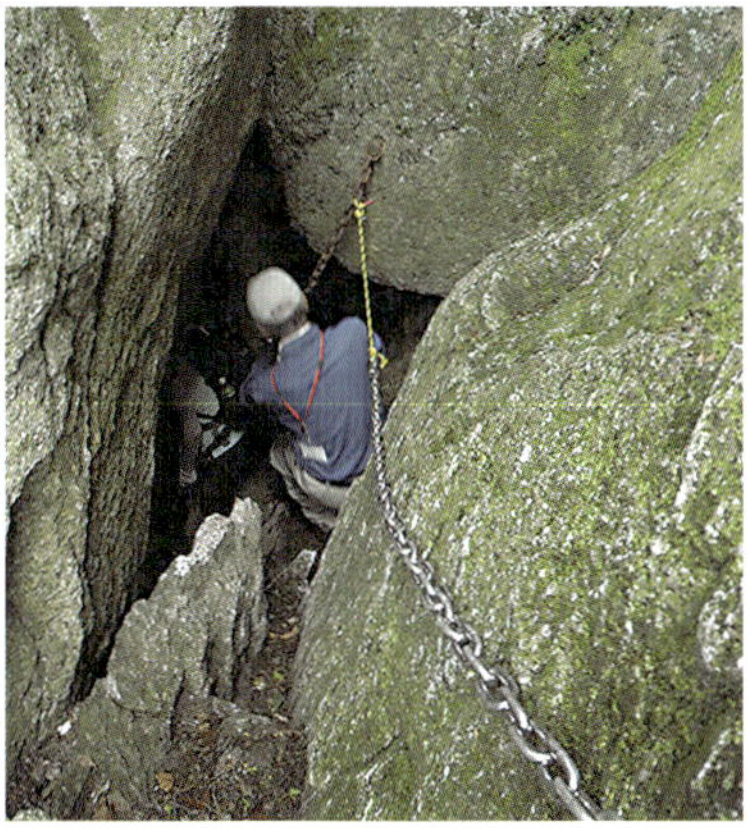

胎内くぐり

胎内くぐり

問13 山伏が法具として持ち歩き、時には武器として用いたものは何か？

岩尾山と行場

岩尾山は標高四七一メートル。ここも修験者の行場であったことが知られています。花崗岩の岩山で、屏風岩を始めとする奇岩があちらこちらに。とりわけ馬の形をした「おうま岩」、叩くと木魚の音がする「木魚岩」などユニークな名前の岩もありますよ。

屏風岩全景

不動明王像

あれっ、
くらさわ忍者は？

屏風岩から伊賀を望む

向こうでおにぎりを……
にしても、めっちゃ険しいなぁ

問14

甲賀忍者が修行したという息障寺のある山の名は？

屏風岩の上に忍者が！

木魚岩

曼荼羅岩

お馬岩

行者岩

次は城に行ってみるぞ！

戦国の城館をゆく

比較的見に行きやすい甲賀の城館である上野城を見てみることにしましょう。JR草津線油日駅から徒歩十分（約八〇〇メートル）で、しかも線路沿いにありますので迷うことはないでしょう。加えて、麓からの高さ約三〇メートルなので、最上部まで行くのも、さほど苦労はありません。

この城館の主郭《しゅかく》部は甲賀タイプの一辺三〇メートル。そこに高さ三メートルの土塁が巡らされています。虎口《こぐち》は東に開いて大規模な兵力を駐屯させることのできる広い曲輪に下り、食い違い虎口によって外に出る。虎口から出ると主郭の東側面から北へ回り込んで下の広い平坦地へおります。道路工事によって破壊されてしまった部分がありますが、周囲を囲む細い土塁は総延長約二〇〇メートルに及びます。

食い違い虎口と細い土塁は織豊系陣城の特徴であり、戦国時代の最終局面にあって増改築されたことが分かります。なお、城の東側を走る県道敷設時に曲輪《くるわ》の一部が発掘調査されており十六世紀後半から十七世紀初頭にかけての遺物が出土しているので、その頃に用いられていた可能性があります。

上野城主郭の土塁

甲賀の城館の土塁は厚く高い。上野城の土塁も同様です。写真のようにして主郭部から土塁の上に立つ人を見上げるとなんと高いことか！　そう、察しのよい人は気づいたかもしれません。甲賀の城館は土塁の上に登られてしまうと抵抗することは極めて難しいのです。城館の守り方にも〝甲賀ルール〟とも言うべきものがあったのかもしれませんね。

「虎口」っていうのは、お城の出入口のこと
「曲輪」っていうのは 城兵が立てこもる 平坦地のことやで

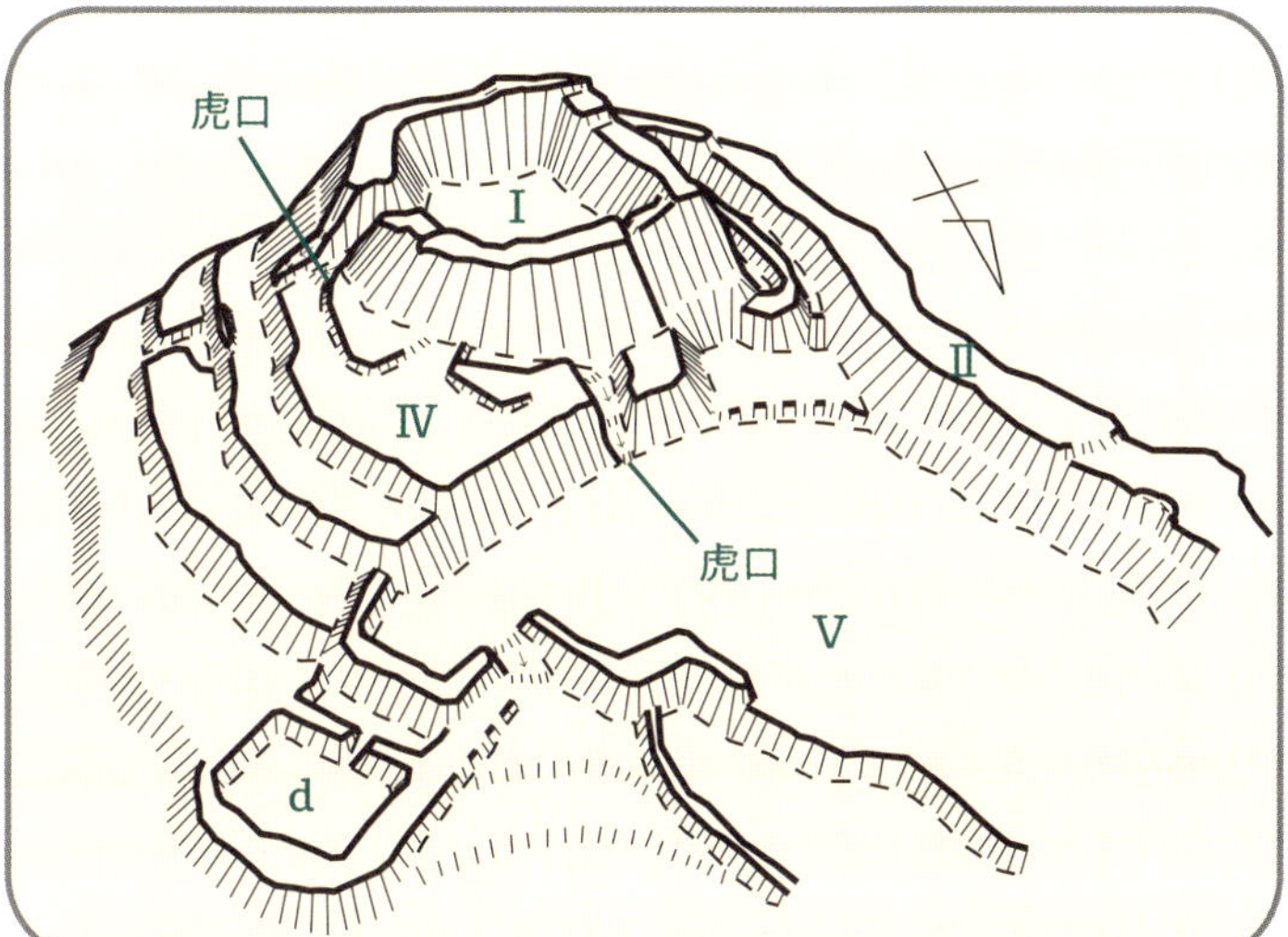
虎口
Ⅰ
Ⅱ
Ⅳ
虎口
Ⅴ
d

上野城鳥瞰図（『甲賀市史』第７巻ブックレット：福永清治作図）

上野城攻略

城の東側には細くて低い土塁が、西側には自然の地形を生かした大土塁が巡らされています。加えて東側の守りに備えた曲輪Ⅶ、西側の守りに備えた曲輪Ⅴには守備兵を駐屯させておくことができるので、容易に近づくことはできません。

仮に東側を攻略して曲輪Ⅶに侵入したとしても外枡形状の虎口に城兵が待っています。そこを越えたとしても、主郭には高く急峻な土塁が設けられているので直登することは極めて難しい……。そこで導かれるように通路を辿ると坂虎口……そこを越えると曲輪Ⅳで二度の屈曲……ようやく主郭虎口に至ります。

さて、主郭に至るまでに幾つ命があればよいのでしょうか。ただし、前頁で記したように主郭土塁上に直登できれば攻略はできますが、それには超人的な知力と体力が求められることになりそうですね。

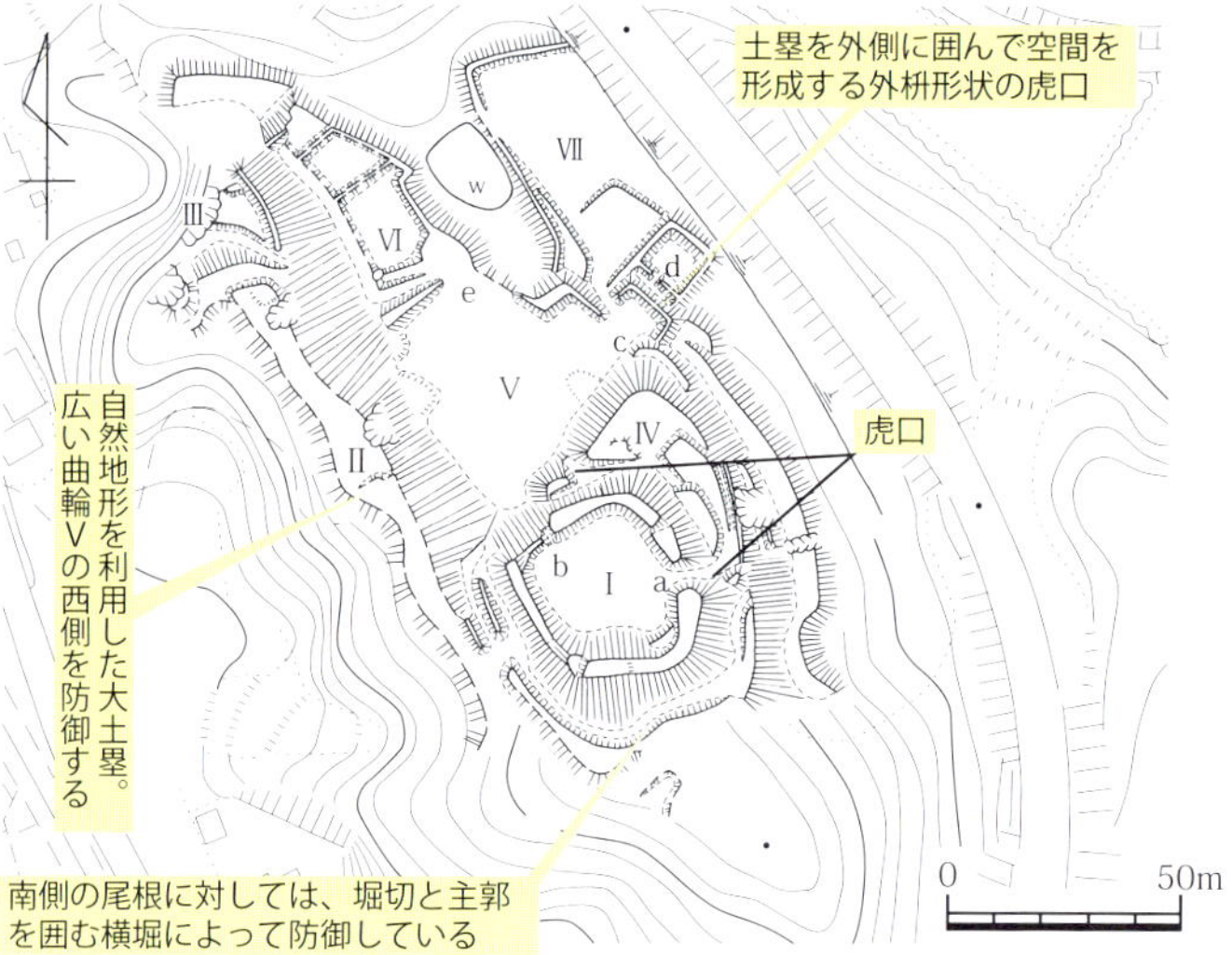
土塁を外側に囲んで空間を
形成する外枡形状の虎口
虎口
自然地形を利用した大土塁。
広い曲輪Ⅴの西側を防御する
南側の尾根に対しては、堀切と主郭
を囲む横堀によって防御している
Ⅶ
w
Ⅵ
Ⅲ
d
e
c
Ⅴ
Ⅳ
Ⅱ
b
Ⅰ
a
0
50m

上野城縄張図（『甲賀市史』第７巻ブックレット：堀口健弐作図）

甲賀の城館、防御のかたち

甲賀の城館はおよそ二〇〇ケ所。その大半が一辺五〇メートルほどの平面方形で高い土塁をめぐらせたものとなっています。ここでは甲賀の城館の防御のかたちについてみることにしましょう。

甲賀の城館は集落に接した裏山に築かれることが多く、一見すると攻略するには容易に見えます。では、どのような仕組みで防御するのでしょうか。

甲賀の城館の大きな特徴は高い土塁で主郭を囲むところにあるといえます。三メートル程度の高さで巡らされた土塁は急角度に成形されており、角度と高さが相まって一気に駆け上がることはできません。しかも、急角度なので斜面に貼りつくような姿勢をとることを余儀なくされ、顔を上げることができません。つまり、土塁の上で武器を手にした敵が待ち構えている姿を見ることができないのです……。

また、全ての城館で確認できるわけではないのですが、主郭にたどり着くまでに直進できないという特徴もあります。急角度の土塁で囲まれているので迂回を繰り返しながら進まざるを得ないのです。敵が直進せずに曲がりながら進むことを余儀なくされると、側面あるいは曲がったところに兵を潜ませておくことが可能です。シンプルな作りではありますが、人を容易に寄せ付けないことに細心の注意が払われているのです。

最大の特徴は、集落を取り囲むように、規模は大きくないものの複数の（しかもほぼ同規模の）城館が配置されるところです。城に拠って戦うときには兵力を集中させる場所があるのですが、甲賀の城館はどこが中心的な役割を担っているかわからない。つまり、どこから攻めればいいのかが、そもそもわからないのです……。

日本列島における戦国時代において極めてユニークな城館を築き続けた甲賀。ぜひ歩いて実感してください。

甲賀の城を落とすには、高い身体能力と知力が不可欠なのじゃ
さぁ土塁登り五往復〜！

エーッ！
そんなのヒドイ〜

甲賀衆の集いしところ

甲賀の自治組織、甲賀郡中惣が会合を持ったのは地元で崇敬される神社でした。その一つは甲賀の雨宮として知られる矢川《やがわ》神社。もう一つが甲賀の総社とされる油日《あぶらひ》神社でした。

甲賀衆が集った場で、その空気を感じてみませんか。

先輩たちの面影を感じるねぇ

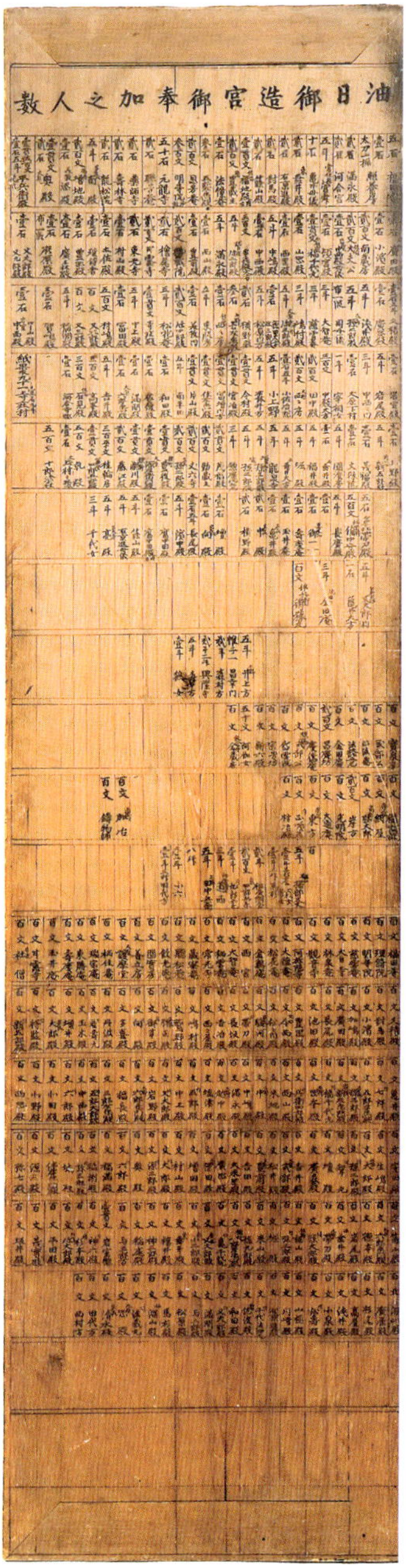
油日御造宮御奉加之人数

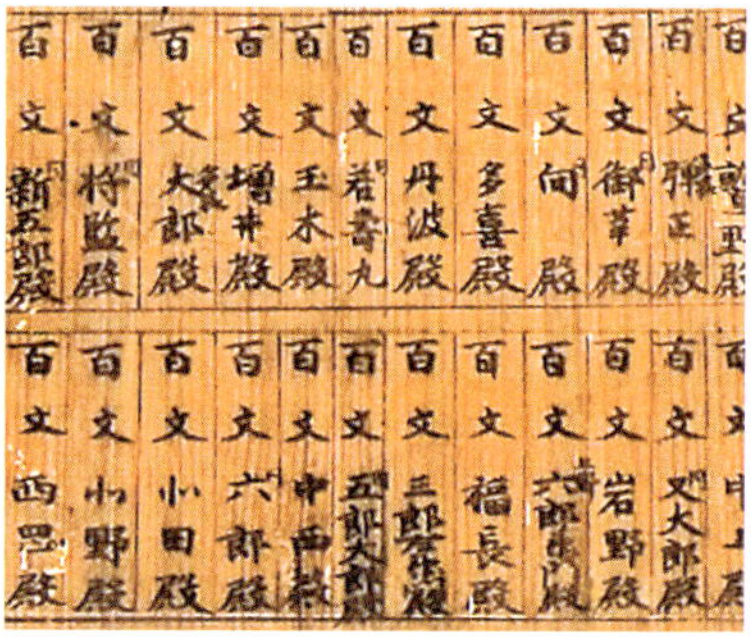

油日神社御造宮御奉加之人数

（油日神社蔵）

明応四年（一四九五）に記された油日神社本殿を建立した際の寄進者一覧で、甲賀衆の名を見ることができます。

矢川神社

大己貴命《おおなむちのみこと》と矢川枝姫命《やがわえひめのみこと》を主祭神とします。

楼門（滋賀県指定文化財）は室町中期、大和国布留《ふる》郷（現在の天理市）五十余村から雨乞いの返礼として寄進されたもので、甲賀の雨宮を象徴する建物です。当初は二階造りだったのですが、天正元年（一五七三）の大風で、上階は組物より上を失いました。

太鼓橋（甲賀市指定文化財）は石造りの反り橋で、寛文十一年（一六七一）に架橋されたことが知られています。三列三行に建て並べた九本の円柱を貫でつないで橋脚とし、その上に重厚な梁と桁をわたし、板石を並べています。

矢川神社楼門

矢川神社太鼓橋

問17 甲賀郡中惣が矢川神社や油日神社で行った会合の名は？

油日神社

油日神社は、油日大神を主祭神とし、東相殿に罔象女神《みつはのめのかみ》、西相殿に猿田彦神を祀ります。

三間社流れ造りの本殿（重要文化財）には「正一位油日大明神」と記した明応二年（一四九三）の棟札があり、建立年代が判明しています。このほか、桃山時代建立の拝殿、永禄九年（一五六六）建立の楼門と廻廊も重要文化財です。

油日の奴振《やっこふり》は滋賀県の選択無形民俗文化財で五年に一度、五月一日に奉納されます。また、映画のロケ地としても有名な神社です。

ここで先輩方がズラーッと並んでたズラね
うへぇ、親父ギャグかぁ……
圧巻やなぁ！

油日神社廻廊

油日神社楼門

甲賀歴史民俗資料館

油日神社境内にあり、滋賀県指定文化財の福太夫神面やずずい子をはじめとして古文書や生活用具、甲冑類などの歴史民俗資料を見ることができます。見学の際は、必ず事前に連絡して下さい。

甲賀古士の資料も収蔵する資料館

福太夫神の面。ずずい子と共に永正５年（1508）の作

種付け神事の際に用いられたというずずい子

問18　甲賀武士が崇敬する油日神社の本地仏の一尊とされた仏は？

甲賀と薬と山伏と

忍術書『万川集海』には忍者たちが薬草を育て、独自で加工し様々な薬を生み出していたことが記されています。

忍者に加えて、山伏と薬の関わりもあります。薬を売り歩いた甲賀の薬僧は多賀坊と朝熊坊《あさまぼう》の二つの系統があります。

多賀大社不動院に属した多賀坊の本拠は磯尾。山伏姿で全国を巡回して多賀信仰を説き、加持祈祷を行い、廻国行脚の土産として『神教はら薬』を与えたといいます。また、伊勢国朝熊岳明王院に属した朝熊坊の本拠は竜法師《りゅうぼし》。祈祷札と『朝熊の万金丹』を持って全国を巡りながら朝熊信仰を広めた山伏でした。

山伏と忍者、そもそも関係の深い両者。そして薬を売り歩きつつ全国をめぐる……。想像はとめどなく広がっていきますね。

問19

一粒食べると唾液が出て喉の渇きが止まる忍者食の名前は何か？

くすり学習館　常設展示室

甲賀市くすり学習館

現在も薬品製造の盛んな甲賀市で「人と薬の関わり、配置売薬などの歴史」を学んでもらうために作られた施設です。常設展示室には配置売薬など薬業関連の資料を集めた製薬道具やくすり看板・くすり広告など江戸時代からの資料が、歴史の流れに沿って展示してあります。また、薬草の検索や美肌診断などの健康データや薬の歴史映像などにより体験・学習できるコーナーもあります。

なお、忍者の携帯食「兵糧丸《ひょうろうがん》」づくり体験もできます。薬研《やげん》で材料を粉にし、こね鉢で材料を混ぜ合わせながら練りあげます。均一に切った材料を製丸板で丸くし、蒸して完成という本格的なもの。ぜひ体験してみませんか？（要予約）

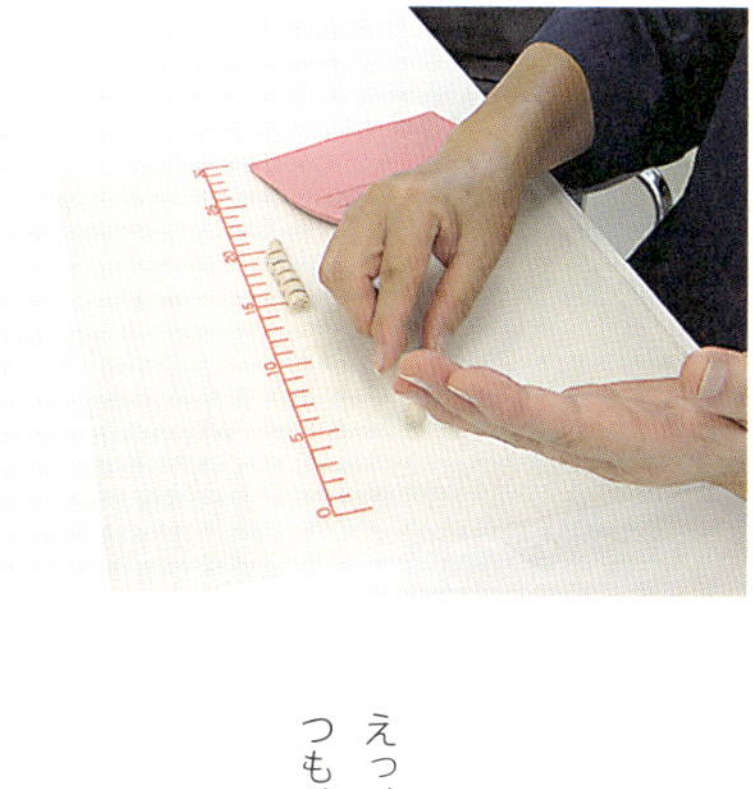

兵糧丸もいいけど私にはこれがあるずら～
えっ、まだ食べるつもり？

問19答　水渇丸

甲賀のなかの忍者を探そう

甲賀の町にはたくさんの忍者がいます。

「えぇ〜、こんなところに？」

少しやりすぎなのではないかと思われるかもしれませんが、ご安心ください。忍びの里ですからこれが通常運転です。

貴生川《きぶかわ》駅は忍者だらけ！

ＪＲ草津線、近江鉄道、信楽高原鐵道と三つの鉄道が接続している貴生川駅。運が良ければ忍びトレイン、忍びバスにも乗れます。

甲賀駅はトリックがいっぱい！

草津線甲賀駅には七つの忍者トリックアートがあり、最高の撮影スポットです。

あちこちにいて
びっくりする
なぁ

わぁ、
こんなところにも

甲賀駅の外にも忍者が…

問20　忍者志願者は先ずあることを学んだが、それは何か？

信楽高原鐵道のつり革、かわいい

草津線が忍者線に？

二〇一七年の甲賀市議会ではＪＲ草津線に忍者線、ＪＲ甲南駅に忍者駅の通称名をつけては？　という意見が出たとのことですが、もうこの状態をみれば、さもありなんですよね。

油日駅が印を結んでるやん

甲賀流
油日自治振興会

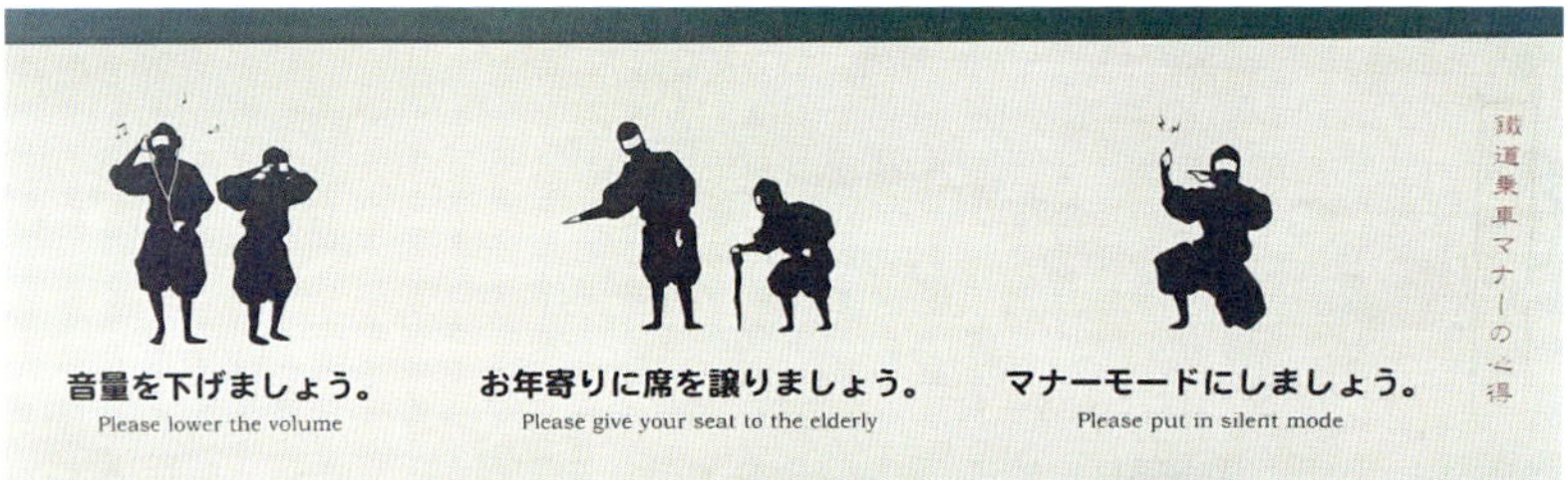
鐵道乗車マナーの心得
音量を下げましょう。
Please lower the volume
お年寄りに席を譲りましょう。
Please give your seat to the elderly
マナーモードにしましょう。
Please put in silent mode

こちらは「からくりアート」

新名神甲南パーキングエリアには上下線のどちらにも一ヶ所あり、もちろんフードコートのメニューも忍者仕様です。

上り線のからくりアート

けど、忍者みつけるの疲れてきた……

おっ、足元にも忍者がおるぞ！忍んでるね〜

フードコートの天井も見逃さないで

問21 忍法で抜き足、差し足、忍び足とは何という術か？

問21答　足並み十法

甲賀のまちは忍者だらけ！

一般道にも、そこかしこに忍者が忍んでいるようです。

もちろん甲賀市役所にも

二〇一七年に完成した市役所新庁舎。絨毯、椅子まで、徹底しています。また新入職員に忍者衣装の着付け研修、忍者の日（二月二二日）前後は課によっては忍者衣装で応対するなどの忍務をこなしています。

1
4

甲賀市のマークが手裏剣に見えてきた……
この床、まさに忍ヴィトン！
さすが、忍者アピールがすごい！

忍者になってみよう

甲賀には、忍者になれる場所が二ヶ所あります。

一つは「甲賀流忍術屋敷」。元禄年間（一六八八～一七〇四）に建てられた望月出雲守の屋敷。内部には多くのからくりや忍具などの展示があり見どころ満載です。

もう一つは、からくり屋敷や水ぐも池、手裏剣道場などがある「甲賀の里忍術村」。本物の道具や資料から忍者の実態を知ることができる「甲賀忍術博物館」もあります。

また、忍者衣装のレンタルもできますよ。

掛け軸の後ろから登場！

囲炉裏の下に抜け穴が！

ご存知、どんでん返し

囲炉裏の下の抜け穴かぁ
うちにもあるで

えっ、それ言って
いいの？
敵が読んでたら
バレちゃうよ！

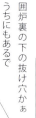

問23
忍者が逃げるときに撒いたトゲのある植物は何か？

落ちないように　必死で登る！

落ちないように歩くって大変…

やっぱり手裏剣は必須です

ええ！　ご飯抜き？
こ、これは頑張るずら……

落ちたら飯抜きじゃ！

君も忍者になれるかな？

―甲賀流忍者検定

二〇〇八年から始められた甲賀流忍者検定。

「忍者検定」というと、手裏剣を投げたり、水蜘蛛でお堀を渡ったり、という身体能力の高さを思い浮かべがちですが、甲賀の試験は主に筆記！

忍術や戦国時代における甲賀忍者の活躍、小説や漫画の作者など、甲賀忍者に関する総合的な知識が問われます。

初級はコスプレで加点、手裏剣打ちでさらに加点。中級に加点はなく、ただただ筆記。

検定後には参加者同士で交流が始まったりと、忍者好きにはたまらないですね。

甲賀忍者参考書籍

甲賀忍者についてもっと学んでみたいという方々のための主な参考書籍をご案内します。

・伊賀忍者研究会編・山田雄司監修『忍者の教科書　新萬川集海』笠間書院　二〇一四
・伊賀忍者研究会編・山田雄司監修『忍者の教科書2　新萬川集海』笠間書院　二〇一五
・石田善人監修『萬川集海』誠秀堂　一九七五
・磯田道史『歴史の愉しみ方』中公新書　2189　二〇一二
・磯田道史『歴史の読み解き方』朝日新書　二〇一三
・伊藤誠之「甲賀古士と甲賀者」『甲賀市史　第三巻　道・町・村の江戸時代』甲賀市　二〇一四
・尾下成敏「織豊政権の登場と甲賀」『甲賀市史　第二巻　甲賀衆の中世』甲賀市　二〇一二
・河内将芳「六角征伐と甲賀」『甲賀市史　第二巻　甲賀衆の中世』甲賀市　二〇一二
・鬼頭勝之「尾張藩における忍びの者について」(『地方史研究』263)地方史研究協議会　一九九六
・甲賀郡教育会編『甲賀郡志』上・下　甲賀郡教育会　一九二六
・『甲賀市史　第七巻　甲賀の城』甲賀市　二〇一〇
・『甲賀武士・甲賀者関係資料集　渡辺俊経家文書―尾張藩甲賀者関係資料』甲賀市　二〇一七
・下坂守「甲賀郡中惣の活動」『甲賀市史　第二巻　甲賀衆の中世』甲賀市　二〇一二
・中島篤巳訳注『完本　萬川集海』国書刊行会　二〇一五
・中島篤巳『忍者を科学する』洋泉社　二〇一六
・服部勲「甲賀士五十人組に関する一考察」『地域の歴史』甲南地域史研究会　一九九六
・服部勲「磯尾の山伏と木村奥之助と「甲賀五人」」『地域の歴史』Ⅲ　甲南地域史研究会　二〇一〇
・藤一水子正武著、中島篤巳訳注・解読『忍術伝書　正忍記』新人物往来社　一九九六
・藤田和敏『〈甲賀忍者〉の実像』吉川弘文館　二〇一二
・村田修三「甲賀の中世城館」『甲賀市史　第二巻　甲賀衆の中世』甲賀市　二〇一二
・山田雄司『忍者の歴史』KADOKAWA　二〇一四
・山田雄司『忍者はすごかった　忍術書81の謎を解く』幻冬社新書463　二〇一七
・吉丸雄哉・山田雄司・尾西康充編著『忍者文芸研究読本』笠間書院　二〇一四
・吉丸雄哉・山田雄司編著『忍者の誕生』勉誠出版　二〇一七
・「The NINJA ―忍者ってナンジャ!?―」実行委員会監修　KADOKAWA　二〇一六

さて何問正解しましたか。では忍者検定試験会場でお会いしましょう。

イベントカレンダー

2月

17〜19日
田村神社厄除大祭
☎0748-66-0018（田村神社）
坂上田村麻呂ゆかりの神社で「田村まつり」が行われます。

22日
忍者の日
日本記念日協会認定のニンニンニン（2月22日）は忍者の日。様々なイベントが開催されます！

4月

17日
阿迦之宮例祭　**古城山山頂阿迦之宮**
☎0748-60-2690（甲賀市観光協会）
水口岡山城主長束正家の護摩供養が行われます。

19・20日
水口曳山まつり　**水口神社周辺**
☎0748-60-2690（甲賀市観光協会）
16基の曳山と水口囃子が見ものです。

5月

3日
ミスくノ一オーディション・キッズ忍者オーディション
☎0748-88-5000（甲賀の里忍術村）
忍者発祥の地で、くノ一とキッズ忍者を決める催しです。

3日
ケンケト踊り　**瀧樹神社**
☎0748-67-0533（瀧樹神社）
小学生の男子が鮮やかな衣装を身につけて、太鼓や鉦の調子で踊ります。

6月

中旬日曜日
甲賀流忍者検定　**甲賀市甲南町**
☎0748-60-2690（甲賀市観光協会）
検定に合格して忍者になろう！初級から中級、上級へとステップアップ。

7月

7日
矢川神社七夕まつり
☎0748-86-2016（商工会甲南支部）
七夕飾りが境内にあふれ、迫力ある手筒花火が奉納されます。

23・24日
大原祇園祭　**大鳥神社**
☎0748-88-2008（大鳥神社）
宵宮は頭上の灯篭をぶつけ合い、本祭は激しい花奪いをする迫力のあるお祭りです。

第4土曜日

しがらき火まつり　**新宮神社および愛宕山周辺**

☎0748-82-0873（陶都・信楽まつり実行委員会）

焼物の町である信楽ならではの火の神様に感謝するまつり。愛宕山の山頂まで松明を奉納します。

最終土曜日

甲賀夏まつり　**JAこうか駐車場**

☎0748-60-2690（甲賀市観光協会）

約1500発の花火が打ち上げられる甲賀最大の夏祭りです。

8月

9日

櫟野寺千日まいり

☎0748-88-3890（櫟野寺）

ロウソクの炎で地蔵や本堂が浮かび上がり、幻想的な世界が広がります。

16日

杣川夏まつり

☎0748-62-2027（貴生川地域市民センター）

護摩供養や灯籠流し、花火などが行われます。

9月

13日

油日神社大宮籠り

☎0748-88-2106（油日神社）

献上された油による灯明が深夜まで灯される幻想的な行事です。

10月

体育の日を含む連休

信楽陶器まつり

即売会：甲賀市役所信楽地域市民センター周辺

総合展：信楽産業展示館（陶芸の森）

☎0748-83-1755（陶都・信楽まつり実行委員会）

お気に入りの器を買うことができる即売会には全国から焼物ファンが集まります。

体育の日前日

全日本忍者選手権大会　**甲賀の里忍術村**

☎0748-88-5000（甲賀の里忍術村）

全国から挑戦者が集まる人気の大会。手裏剣投げ、塀飛び、城壁のぼり、水ぐもなどで競い合います。

11月

8日

信楽たぬきの日　**甲賀市信楽町一円**

☎0748-82-2345（信楽町観光協会）

日本記念日協会認定の11月8日は「いい八（ハチ）」で信楽たぬきの日で、信楽たぬきに感謝する日です。「全国狸の腹鼓大会」をはじめ楽しい催しがたくさん行われます。

＊開催日時は2017年度のものです。その後変更される場合がありますので、詳細については各問合せ先にご確認ください。

甲賀忍者関係歴史年表

西暦	和暦	出来事
1487-9	長享元 -3	第１次六角征伐（鈎の陣）で幕府側と六角側に分かれて戦う。六角定頼は形勢不利になると甲賀に逃亡。
1491-2	延徳 3-4	第２次六角征伐で幕府側と六角側に分かれて戦う。六角定頼は形勢不利になると度々甲賀に逃亡。
1507	永正 4	明応の政変によりのちの管領細川澄元が甲賀に逃亡。甲賀衆の助力を得て京都に帰還するも翌年再び甲賀に逃亡。
1513	永正 10	管領細川高国らと対立した将軍足利義稙が甲賀に逃亡、甲賀衆の助力を得て凱旋。
1541	天文 10	笠置城にて甲賀と伊賀が戦う。
1562	永禄 5	鵜殿合戦にて甲賀衆が徳川家康の命により忍入・夜討を果たす。
1565	永禄 8	のちの将軍足利義昭が三好一統の監視を逃れ甲賀の和田惟政のもとに匿われる。
1566	永禄 9	山中·美濃部·伴三家の同名中が連合し、掟をつくる。
1568-70	永禄 11- 元亀元	第１次六角・織田戦争で六角側と織田側に分かれて戦う。六角承禎・義治父子は形勢不利になると甲賀に逃亡。
1570	永禄 13	「大原同名中与掟」をつくる。
1572-4	元亀 3- 天正 2	第２次六角・織田戦争で六角側と織田側に分かれて戦う。六角承禎・義治父子は形勢不利になると甲賀に逃亡。 この頃、滝川一益、甲賀衆に手を焼く。
1582	天正 10	本能寺の変からの神君伊賀越えを甲賀衆が助力。
1584	天正 12	小牧・長久手合戦で豊臣側と徳川側に分かれて戦う。
1585	天正 13	紀州太田城水攻めで堤を切ったとみなされ改易（甲賀ゆれ）され、水口岡山城築城。
1600	慶長 5	関ヶ原合戦前哨戦の伏見籠城戦に甲賀衆参陣。この際に討ち死にした子弟により甲賀百人組結成。
1615	慶長 20	大坂の陣にて徳川方の山岡道阿弥からの参陣要請を拒否（鉄砲足軽としての参陣であったため）。
1637	寛永 14	島原の乱に 10 人の甲賀者が参陣し忍び働きをする。
1667	寛文 7	甲賀古士、幕府に仕官を願い出る。
1672	寛文 12	甲賀忍者芥川九郎左衛門、加納藩戸田氏に仕える。木村奥之助、尾張藩に鉄砲打ちとして仕官。
1676	延宝 4	藤林保武『万川集海』を著す。
1679	延宝 7	木村奥之助を頭領とする尾張藩御忍役人結成。
1723	享保 8	大和郡山城主本多氏改易にあたり情勢調査のため、尾張藩御忍役人出動。
1789	寛政元	甲賀古士、幕府に仕官を願い出る。忍術を心得ている者の方が評価が高かった。
1860	安政 7	桜田門外の変にあたって情勢調査のため松本藩忍者芥川九郎左衛門が彦根を偵察。
2015	平成 27	甲賀流忍者調査団結成（団長：磯田道史、副団長：畑中英二）。

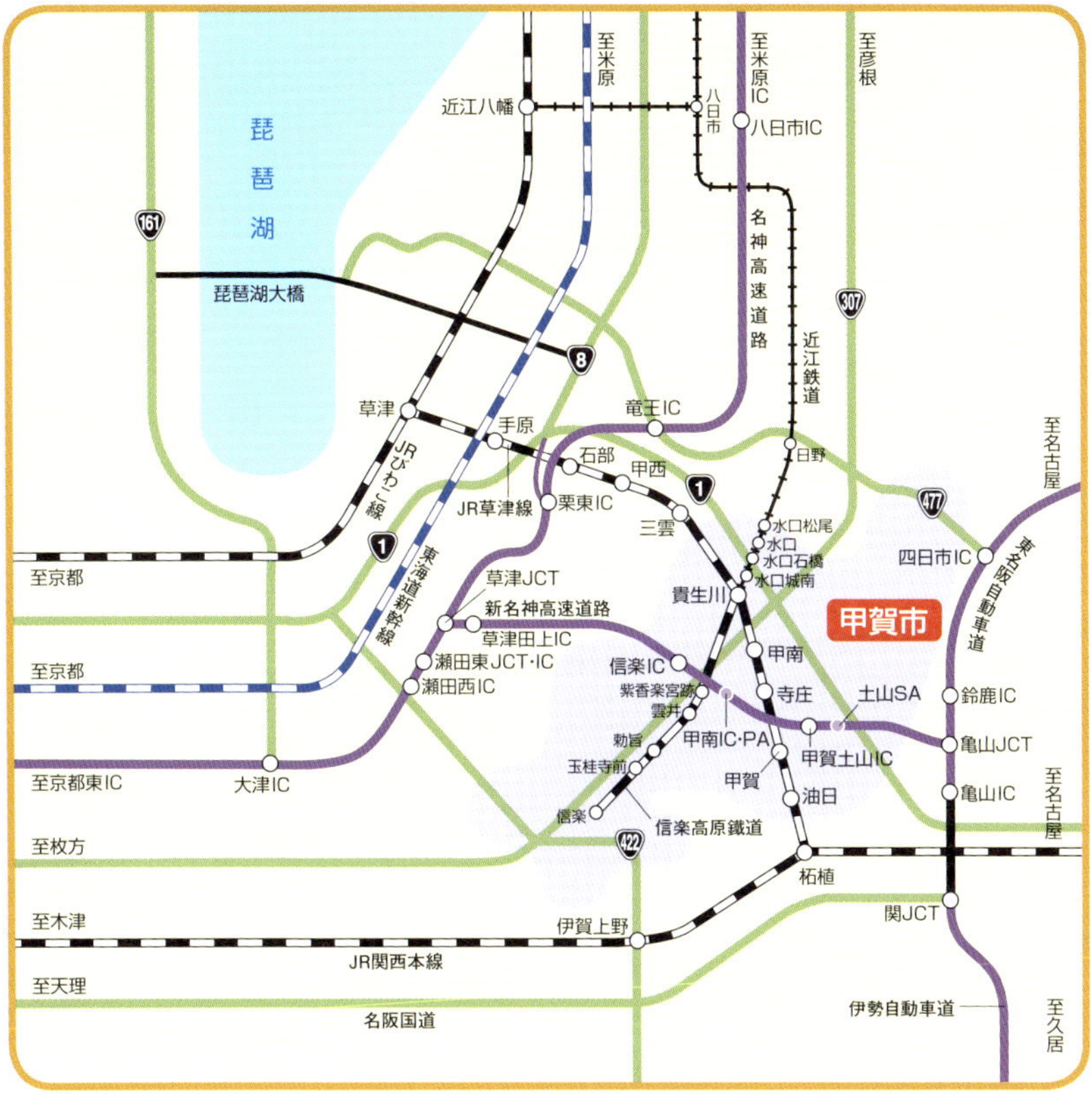

車で

■ 名古屋方面から
名古屋市内（東名阪自動車道）～亀山 JCT（新名神高速道路）～甲賀土山 IC・甲南 IC・信楽 ICまで（70分～80分）

■大阪方面から
吹田 IC（名神高速道路）～草津田上 IC（新名神高速道路）～信楽 IC・甲南 IC・甲賀土山 ICまで（60分～70分）

電車で

■ JR 名古屋駅（関西本線）～JR 亀山駅～JR 柘植駅（草津線）～JR 貴生川駅（快速利用で 2 時間）

■ JR 京都駅（琵琶湖線）～JR 草津駅（草津線）～ JR 貴生川駅（快速利用で 50 分）
※信楽へは信楽高原鐵道「信楽」駅まで（貴生川駅から 24 分）

畑中英二
1967年生まれ。博士（人間文化学・滋賀県立大学）。滋賀県教育委員会を経て京都市立芸術大学美術学部総合芸術学科准教授 兼 甲賀流忍者調査団副団長。専門は表向き考古学・陶磁史としているが忍者の研究に余念がない。研究者として正体がわからないところはある意味で忍者といえる。

表紙デザイン原案／喜田香織（京都市立芸術大学美術学部）
イラスト／喜田香織、倉澤佑佳（同上）
校正／松浪千紘（同上）
執筆・編集協力／沢村華（同上）・甲賀市観光協会
組版／株式会社ケイエスティープロダクション

ここまでわかった甲賀忍者

2018年3月31日　初版第1刷発行
2018年6月1日　初版第2刷発行

監修　甲賀流忍者調査団
著者　畑中英二
発行　滋賀県甲賀市
〒528-8502　滋賀県甲賀市水口町水口6053
電話 0748-69-2190　FAX 0748-63-4087
発売　サンライズ出版株式会社
〒522-0004　滋賀県彦根市鳥居本町655-1
電話 0749-22-0627　FAX 0749-23-7720

 ISBN978-4-88325-638-9 C0021
定価は表紙に表示しています。

落丁・乱丁のときはお取り替えします。